国際経済の理論と経験

Theory and Experience
of the International Economy

矢野 生子 著
YANO Ikuko

同文舘出版

はじめに

　国際経済学の分野は長い間，実物経済を議論する国際貿易論と国際収支の決済問題を議論する国際収支論との「古典派の二分法」の時代をさまよっていた。後者はやがて国際金融論というより新しいテーマを追いかける分野として成長してきた。しかし，今日の世界経済を見ると大量の資金が国際金融市場の間を一瞬にして移動しているのが今日の世界経済の実際の姿である。このような世界においては，いわゆる「古典派の二分法」が成立しない時代に突入しているのである。

　しかし，われわれはこのような実際の世界に直面することを実感とするときに，J．M．ケインズがかつて行ったような「古典派の二分法」を解決するような革命的経済理論は，国際経済学の分野においては，未だに持たないのが実際である。

　このような問題意識を踏まえながらも，これまでの経済理論と世界経済の経験を説明することによって，一歩でも国際経済の現実に近づくための基礎理論となることを願って『国際経済の理論と経験』としたのである。

　本書はⅢ部構成となっている。第Ⅰ部は国際貿易の理論であり，貿易理論の基礎を踏まえながら，自由貿易の拡大とともに生じた現代の貿易問題について考察を行なっている。特に第5章においてはTPPの説明とTPP締結によって各部門，特に農業部門がどのような影響を受ける可能性があるのかという点について考察を行なっている。第Ⅱ部は国際金融の制度と決済システムについてであり，国際収支の定義や国際通貨体制の変遷について説明を行い，資本移動の国際化を推奨した現在のIMF体制の下，世界各国で生じた通貨危機やリーマン・ショックなどの経済危機についてその原因と世界経済への影響について考察を行なっている。第Ⅲ部は開放体系下でのモデル分析を行なっている。

　2010年11月に横浜で開催されたAPEC（アジア太平洋経済協力会議）にお

いて，菅首相（当時）は「TPPによって開国する」と宣言した。この発言は江戸幕府が黒船の来襲により開国を迫られ，その後締結した「日米修好通商条約」に基づいて開港した「横浜」とかけたものと思われるが，この「日米修好通商条約」が「関税自主権の欠如」と「治外法権」を持つ不平等条約であったことは有名である。その後，明治新政府は50年もの歳月をかけて不平等条約の撤廃のために苦労することになるのである。TPPは加盟国間の関税をゼロとし，加盟国間での貿易紛争が生じた場合にはISDS条項(注1)などをはじめとして自国の法律では解決できない，「治外法権」的な特徴を持つ，いわば21世紀の「不平等条約」ともいえるのである。現在の日本の食糧自給率は約40%であり，過半数以上を海外に頼っている。既に立派に『開国』しているのである。一度「不平等条約」を締結してしまえばその改正までには途方もない時間と損害が生じるのである。「自国の利益」と「自由化」は必ずしも同義語ではなく，むしろ相反することもあるという事を「グローバル化」が進む現代社会において再考察する必要があると思われる。

2016年2月4日

矢野生子

[注]
(1) ISDS（またはISD）条項（「国家と投資家の間の紛争解決手続き」条項）：ある国家が自国の公共の利益のために制定した政策によって、海外の投資家が不利益を被った場合には、世界銀行傘下の「国際投資紛争解決センター」という第三者機関に訴えることができる制度。（米韓FTAの場合は韓国にだけ適用）

目 次

はじめに　i

第Ⅰ部　国際貿易の理論

第1章　比較優位の理論―比較生産費説 ―― 5
1　比較優位の理論とリカードの比較生産費説 ―― 5
　1.1　リカードの数値例　6
　1.2　比較生産費説の説明　6
　1.3　図による説明　7
　1.4　貿易利益の説明　8
2　比較生産費説と労働価値説 ―― 13
3　「比較生産費説」の一般的な説明 ―― 14

第2章　絶対優位の理論 ―― 17
1　市場均衡の意味 ―― 17
　1.1　一物一価の法則　17
　1.2　裁定取引　18
2　絶対優位の理論 ―― 18
　2.1　絶対優位　18
　2.2　内外価格差と絶対優位の理論　19
3　輸出財市場 ―― 20
　3.1　輸出財の定義，輸出量・輸出額の決定　20
　3.2　輸出による貿易利益　21

3.3　為替相場の変化と輸出財市場への影響　22
　　3.4　輸出補助金政策　24
　4　輸入財市場————————————————————————25
　　4.1　輸入量と輸入額の決定　25
　　4.2　輸入による貿易利益　27
　　4.3　為替相場の変化と輸入財市場への影響　28

第3章　輸送費と貿易財・非貿易財————————————33
　1　輸送費用と貿易財————————————————————33
　　1.1　輸送費用と輸出財　33
　　1.2　輸送費用と輸入財　35
　　1.3　輸送費用と非貿易財　35
　2　為替相場の変化と貿易財と非貿易財の領域の変化————36
　　2.1　為替相場の上昇の影響　37
　　2.2　為替相場の下落の影響　38
　3　絶対優位の理論と比較優位の理論は矛盾する——————39

第4章　ヘクシャー＝オリーンの定理————————————43
　1　基本モデルの説明————————————————————43
　　1.1　諸仮定　43
　　1.2　自給自足経済の場合　45
　　1.3　開放体系の場合　45
　2　ヘクシャー＝オリーンの定理——————————————46
　　2.1　開放経済と小国の仮定　46
　　2.2　ヘクシャー＝オリーンの定理　46
　　2.3　ヘクシャー＝オリーンの貿易理論の図解　49
　3　現代貿易理論の考え方——————————————————56

第5章　TPPと日本経済 —————————————— 59

1　TPP（Trans-Pacific Partnership,
　　　　　　　環太平洋パートナーシップ）————————— 59
2　TPP締結による農業部門への影響 ———————————— 62
　2.1　基本モデル　62
　2.2　関税撤廃による国内産業部門への影響　64
3　3部門（第一次・第二次・第三次産業）
　　　　　　　に及ぼす影響について ————————————— 67
　3.1　2つの農業部門（専業農家と兼業農家）による分析　67
　3.2　リプチンスキーの定理を使った2つの農業部門の説明　70
　3.3　第二次・第三次産業への影響について　72
4　TPPによる農業部門の影響について ————————— 74
　4.1　従来の評価と農業部門拡大の可能性　74
　4.2　農業部門以外の産業の拡大の可能性　75
5　TPP締結後の対策と懸念 ————————————————— 76

第Ⅱ部　国際金融の制度と決済システム

第1章　国際通貨と国際決済制度 ———————————— 81

1　国際収支論と国際金融論 ———————————————— 81
2　国際通貨 ———————————————————————— 81
3　外国為替 ———————————————————————— 83
　3.1　並為替　84
　3.2　逆為替　84
4　為替相場（為替レート）———————————————— 86
　4.1　為替相場の表示方法　86
　4.2　為替相場決定要因とそのメカニズム　86
5　国際収支（balance of payments）の定義 ——————— 91

5.1　外国為替の需給　91
　　5.2　国際収支　92
　6　為替相場制度と国際収支問題 ──── 97
　　6.1　為替相場制度　97
　　6.2　国際収支問題と中央銀行　99
　7　為替相場はなぜ反転しないか─Jカーブ効果とマギー効果
　　　　　　　　　　　　　　　　　　　　　　　　　 100

第2章　金本位制度 ──── 103

　1　金本位制度の歴史 ──── 103
　　1.1　イギリスの金本位制度の経験　103
　　1.2　金本位制度の変遷（金貨本位制度・金地金本位制度・
　　　　　金為替本位制度）　104
　2　金本位制度の基本的構成要素 ──── 107
　　2.1　金本位制度の3つのルール　107
　　2.2　金本位制度の調整機能　108
　　2.3　モデルによる説明　114
　　2.4　現実的な経験　116
　　2.5　「通貨主義者」と「地金主義者」との論争・ピール条例　117
　3　金本位制度の崩壊 ──── 119

第3章　ブレトン・ウッズ体制（旧IMF体制）──── 123

　1　ブレトン・ウッズ体制（IMF・GATT・IBRD）──── 123
　2　旧IMF体制（固定相場制度）──── 125
　3　GATT（General Agreement on Tariffs and Trade,
　　　　　　　　　　　貿易と関税に関する一般協定）──── 133
　4　旧IMF体制の崩壊 ──── 136

第4章 スミソニアン体制 ———————————————145
1 スミソニアン協定（固定的ドル本位制度）———————145
2 現IMF体制（変動相場制度）———————————146
3 GATTからWTOへ ————————————————150

第5章 通貨危機について ———————————————155
1 通貨危機発生の経緯と特徴 ———————————156
　1.1 メキシコ通貨危機（テキーラ危機）　156
　1.2 アジア通貨危機　157
　1.3 ロシア通貨危機　159
　1.4 アルゼンチン通貨危機　160
　1.5 通貨危機の共通の特徴　160
2 IMFの役割 ———————————————————162
　2.1 通貨危機の原因　162
　2.2 通貨危機の経験とその対策　163
3 リーマン・ショック（世界同時不況）について ————166
　3.1 サブプライム・ローン問題　166
　3.2 リーマン・ショック以降の世界経済への影響　167

第Ⅲ部　オープン・マクロ・モデル

第1章 閉鎖体系下のマクロ・モデル ———————————175
1 国民所得決定の理論 ——————————————175
2 財政政策と財政乗数 ——————————————178
3 IS-LMモデル —————————————————182
4 解の安定条件と政策の効果 ———————————186
5 マクロ経済政策の効果 ——————————————188
　5.1 財政政策の効果　188

   5.2　租税政策の効果　189
   5.3　金融政策の効果　190

第 2 章　オープン・マクロ・モデル─────193
 1　ケインジアン・アプローチ（旧 IMF 体制―固定相場制度）
                                            193
 2　政策の効果　198

第 3 章　開放体系下の IS-LM モデル─────205
 1　国際収支　205
   1.1　貿易収支（$T=0$ 線）　205
   1.2　資本収支（$K=0$ 線）　206
   1.3　国際収支　207
 2　オープン・マクロ・モデル　208
   2.1　生産物市場の均衡条件　208
   2.2　貨幣市場の均衡条件と不胎化政策　208
 3　固定相場制度の場合　209
 4　変動相場制度の場合　218
 5　マンデル＝フレミング・モデルと財政・金融政策の有効性
                                            226
   5.1　固定相場制度の場合　227
   5.2　変動相場制度の場合　229

おわりに　233
参考文献　237
索　　引　239

国際経済の理論と経験

第 I 部

国際貿易の理論

国際貿易とは，国境を越えた財・サービスの取引である。それは，それぞれの国の歴史と自然に育まれた独特の風土・文化・社会を背景として形成された制度や社会的習慣等を異にする経済間の取引なのである。

国際貿易論の基礎は，アダム・スミス（A. Smith：1723-1790年）の次の言葉によって説明される。

「買うよりも作るほうが高くつくようなものを自分のところで作ろうとするのは賢明なことではない」（A. スミス著『国富論』；諸国民の富の源泉について）。

このアダム・スミスの記述を，相対価格の差であると考えるとD. リカード（David Ricardo：1772-1823年）の「比較生産費説」によって始まる「比較優位の理論（Theory of Comparative Advantage）」が説明されるのである。しかし，この記述を経験的な法則として理解されやすい絶対価格の相違であると考えると，「絶対優位の理論（Theory of Absolute Advantage）」として説明することになるのである。

「比較優位の理論」とは，D. リカードの「比較生産費説」によって始まる貿易理論である。国際貿易においてはその国が比較優位を持つ財の生産に特化し，他の財の生産を貿易相手国にまかせることによって国際的な分業が進展し，国際貿易を通じてお互いに特化した財を相互に交換すれば，双方とも貿易利益を得ることができるという経済理論である。

これに対して，「絶対優位の理論」とは，両国間において共通の価値尺度で測ってそれぞれの財の価格を比較した場合に，貿易相手国に比べて国内市場の方が絶対的に安い財を輸出して貿易利益を得ることが可能であるという経済理論である。このとき，それぞれの財・サービスの交換において一定期間の輸出額と輸入額が等しい場合には両国間に貸借関係が発生しないために国際収支（貿易収支）は均衡している。しかし，輸出額が輸入額を超過（不足）している場合には貿易収支は黒字（赤字）であり，その額に対応する両国間の貸借関係を解決するための国際決済問題が発生するのである。

第1章

比較優位の理論－比較生産費説

1 比較優位の理論とリカードの比較生産費説

　国際貿易の考え方は，アダム・スミスの次の言葉によって説明することができる。
　「買うよりも作るほうが高くつくようなものを自分のところで作ろうとするのは賢明なことではない」（A. スミス著『国富論』（「諸国民の富の源泉について」）。
　このアダム・スミスの記述を，機会費用の概念として考え，国内において相対的により少なく資源を使用して生産できる製品を生産し，その製品と交換に相対的により多く資源を使用してしか生産できない製品を輸入することによって，国内資源の節約が可能となり，この資源の節約分が貿易利益として説明されると考えるのである。
　このような相対的に省資源型の製品を輸出し，資源使用型の製品を輸入することによって貿易利益が発生すると説明する国際貿易の考え方を「比較優位の理論」と説明するのである。
　「比較優位の理論」とは，D. リカードの「比較生産費説」（『経済学及び課税の原理』第7章）によって説明される貿易理論である。
　国際貿易を行なう国にとっては，その国が比較優位を持つ製品の生産に特化して，比較劣位の製品の生産は貿易相手国にまかせることによって，国家間において国際的な分業が進展する。そのような，国際貿易の進展によってお互いに特化した財を相互に交換すれば，双方とも貿易利益を得ることができるという経済理論が国際貿易理論である。

1.1 リカードの数値例

リカードの『経済学及び課税の原理』第 7 章の例を使用して，ポルトガルとイギリスの二国間において貿易が行なわれる場合について考える。

それぞれの国において，ワイン（葡萄酒）とラシャ（羅紗；毛織物）[注1]の 2 つの種類の財が生産・消費されているとする。同一期間にそれぞれの財を 1 単位作るのに必要な労働量は，表 I.1.1 のように表わされる。

表 I.1.1 ワインとラシャ生産のための必要労働量

	ワイン（葡萄酒）	ラシャ（羅紗；毛織物）
ポルトガル	80 人	90 人
イギリス	120 人	100 人

出所：D.リカード著，小泉信三訳『経済学および課税の原理』第 7 章，岩波文庫，2005 年。

表 I.1.1 は，ポルトガルにおいてはワイン 1 単位生産のためには 80 人の投入が必要であり，ラシャ 1 単位の生産のためには 90 人の投入が必要であること，また，イギリスにおいてはワイン 1 単位生産のためには 120 人の投入が必要であり，ラシャ 1 単位の生産のためには 100 人の投入が必要であることを表わしている。

この表 I.1.1 は，両国間のそれぞれの産業の生産技術（必要労働量，労働生産性）の差異を表わしている。ここで，両国で生産されるそれぞれの財の質と量は同等であり，それぞれの財の生産のために必要な労働単位（人）は生産量の規模に関係なく一定であると仮定する[注2]。また，交易のための輸送費用は存在せず，この輸送によって，その財の質と量が変化することはないと仮定する。

1.2 比較生産費説の説明

リカードの「比較生産費説」においては，労働価値説が採用されており，それぞれの財の価値・価格は，その製品を生産するために投下された労働量の大きさによって決定されると考える。それぞれの国において財の生産のための必要労働投入量が異なることから，それぞれの経済において財に対する価値評価

が異なるために,交換比率(相対価格)が異なる[注3]。このことから,この2つの国の間において貿易によって利益が発生することが説明されるのである。

1.3 図による説明

(1) ポルトガルの相対価格

リカードの「比較生産費説」を図Ⅰ.1.1で説明することができる。このとき,ポルトガルにおいては,ワイン9単位(9単位×80人=720の価値)とラシャ8単位(8単位×90人=720の価値)が等価交換されるのである。

ポルトガルにおいてこの交換比率を前提として一定の組み合わせ(W_P^0, L_P^0)でワインとラシャが生産されているとする。ポルトガル国内で交換する場合は,ワイン1単位(80人投入)でラシャを$\frac{80}{90}$単位(90人×$\frac{80}{90}$=80人)と交換することができる。この$\frac{80}{90}$は,ラシャで測ったワインの相対価格である。この関係は,図Ⅰ.1.1においてポルトガルの相対価格を横軸から見たときの傾きとして説明することができる。

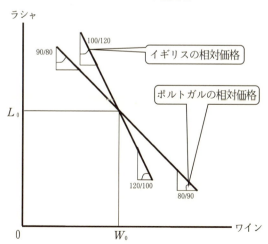

図Ⅰ.1.1 2つの交易条件

あるいは，ラシャ1単位（90人投入）で，ワインを $\frac{90}{80}$ 単位交換（80人× $\frac{90}{80}=90$ 人）することができるのである。この $\frac{90}{80}$ は，ワインで測ったラシャの相対価格である。この関係は，図 I.1.1 においてポルトガルの相対価格を縦軸から見たときの傾きとして説明することができる。

(2) イギリスのケース

イギリス国内について考える。イギリスにおいては，ワイン10単位（10単位×120人＝1,200の価値）とラシャ12単位（12単位×100人＝1,200の価値）が等価交換されるのである。

いま，イギリスにおいてこの交換比率を前提として一定の組み合わせ（W_E^0, L_E^0）で，ワインとラシャを生産しているとする。イギリス国内において交換する場合は，ワイン1単位（120人）で，ラシャ $\frac{120}{100}$ 単位（100単位× $\frac{120}{100}$ ＝120人）と交換することができる。この $\frac{120}{100}$ は，ラシャで測ったワインの相対価格である。この関係は，図 I.1.1 においてイギリスの相対価格を横軸から見たときの傾きとして説明することができる。

また，ラシャ1単位（100人）で，ワイン $\frac{100}{120}$ 単位（120単位× $\frac{100}{120}=100$ 人）を購入することが可能である。この $\frac{100}{120}$ は，ワインで測ったラシャの相対価格である。この関係は，図 I.1.1 においてイギリスの相対価格を縦軸から見たときの傾きとして説明することができる。

1.4 貿易利益の説明

比較生産費説の説明に従って，それぞれの国が相手の交易条件によって貿易（二国間の財の交易）を行なうならば貿易利益が発生することを説明する[注4]。

(1) ポルトガルの貿易利益

いま，ポルトガルにおいて，80単位の労働価値のワインを1単位購入してイギリスに輸出すれば，ワイン1単位は120単位の労働価値として評価される。このポルトガルで購入したワインをイギリスの交換比率でラシャ（イギリスでは100単位の労働価値）と交換すれば，$1.2\ (=\frac{120}{100})$ 単位のラシャを獲得することができる。この $1.2\ (=\frac{120}{100})$ 単位のラシャをイギリスからポルトガルに輸入すれば，ポルトガルではラシャ1単位の価値が90単位の労働価値であるため，$90\times1.2=108$ 単位の労働価値となる。元のワイン1単位の価値が80単位の労働価値であるため，ワイン1単位の輸出によってラシャと等価交換するならば，$108-80=28$ 単位の労働価値の利益 Π_P を獲得することができるのである。この貿易利益 Π_P は，次の（Ⅰ.1.1）式のように計算することができる。

$$\Pi_P=\frac{120}{100}\times90-80=28 \qquad (\mathrm{I.1.1})$$

このようにポルトガルで購入した1単位のワインをイギリスに輸出して，イギリスの市場で販売し，その販売額でラシャを購入して，ポルトガルに輸入し，ポルトガル国内で販売すれば，貿易利益を得ることができるのである。このときの貿易利益率 π_P は資本のワイン1単位80労働単位に対して35％であり，次の（Ⅰ.1.2）式のようにして計算することができる。

$$\pi_P=\frac{120}{100}\times\frac{90}{80}-1=\frac{28}{80}=0.35=35\% \qquad (\mathrm{I.1.2})$$

(2) 図による説明

この関係は，図Ⅰ.1.2を使用して説明することができる。図の点 C_P は，貿易開始以前のポルトガルの生産と消費の組み合わせを表わしている。もし，イギリスの交易条件で貿易が可能であれば，ポルトガルは，ワインを輸出してイギリスで販売（左に移動）して，その代金でラシャを購入して輸入すること（上に移動）によって，国内市場における交換よりもより多くのラシャを得る

図 I.1.2　ポルトガルの貿易利益

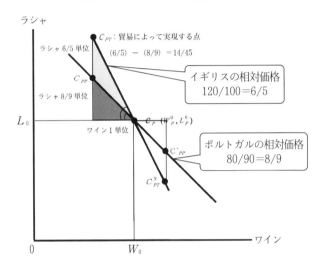

こと（たとえば，点 C_{PT}）ができるのである[注5]。このように国内での交換（たとえば，点 C_{PP}）よりもより多くのラシャをポルトガル国内で消費することが可能であるという意味で，貿易利益が発生するのである。

この場合の貿易利益 Π_P は，ワインの輸出 1 単位当たりラシャで測って $\dfrac{14}{45}$ ($= \dfrac{120}{100} - \dfrac{80}{90}$) である。このとき，ワイン 1 単位＝ラシャ $\dfrac{80}{90}$ 単位であるから，ラシャを基準として測った貿易利益率 π_P は，$\dfrac{14}{45} / \dfrac{80}{90} = \dfrac{7}{20} = 35\%$ である。

しかし，逆に，ポルトガルがイギリスにラシャを輸出して（下に移動），ワインを輸入する（右に移動）場合は，国内において交換する場合（たとえば，点 C'_{PP}）よりも少ないラシャの量（たとえば，点 C^N_{PT}）としか交換できないため，貿易利益が負になることが説明される。

(3) イギリスの貿易利益

同様の議論によって，イギリスがポルトガルにラシャを輸出し，ワインを輸入する場合に貿易利益が発生することも説明することができる。

いま，イギリスにおいて 100 単位の労働価値のラシャを 1 単位購入して，ポルトガルに輸出して販売すれば，ラシャ 1 単位はポルトガルで 90 単位の労働価値となる。このイギリスで購入したラシャを，ポルトガルの交換比率でワイン（80 単位の労働価値）と交換すれば，$\frac{90}{80}$ 単位のワインを獲得することができる。この $\frac{90}{80}$ 単位のワインをポルトガルからイギリスに輸入して販売すれば，イギリスではワイン 1 単位の価値が 120 単位の労働価値であるため，$120 \times \frac{90}{80} = 135$ 単位の労働価値となっている。元のラシャの価値が 100 単位の労働価値であるが，ラシャを基準として測った貿易利益は，$135 - 100 = 35$ 単位の労働価値の利益 Π_E となるのである。

$$\Pi_E = 120 \times \frac{90}{80} - 100 = 135 - 100 = 35 \qquad (\text{I}.1.3)$$

このようにしてイギリスにおいて購入した 1 単位のラシャをポルトガルに輸出して，その代金でポルトガルの市場においてワインを購入して，イギリスに輸入し，イギリス国内で販売すれば，貿易利益を得ることができるのである。このときの，貿易利益率 π_E は 35％であり，次の（I.1.4）式のようにして計算することができる。

$$\pi_E = \frac{120}{100} \times \frac{90}{80} - 1 = \frac{28}{80} = 0.35 = 35\% \qquad (\text{I}.1.4)$$

この関係について，図 I.1.3 を使用して説明する。図の中の点 $C_E(W_E^0, L_E^0)$ は，貿易開始以前の状態のイギリスの国内の生産と消費の組み合わせである。いま，イギリスがポルトガルの交易条件での貿易が可能であれば，イギリスは，ラシャを輸出して（下に移動），その代金でワインを輸入すること（右に移動）によって，国内での交換するときの量（たとえば，点 C_{EE}）よりもより多くの

図I.1.3 イギリスの貿易利益

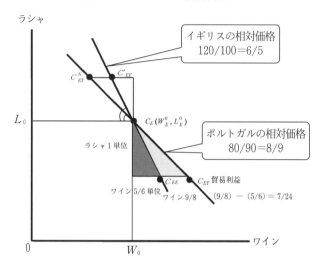

量（たとえば，点C_{ET}）のワインを消費することが可能であるという意味で，貿易利益を得ることができるのである(注6)。

この場合，イギリス国内の交換よりもポルトガルとの貿易によって得られるワインのほうが多いことから，貿易利益は，ラシャ1単位を基準として，$\Pi_E = \frac{90}{80} - \frac{50}{60} = \frac{7}{24}$ であることが説明される。このとき，イギリスの市場においては，ラシャ1単位＝ワイン$\frac{100}{120}$であるから，ワインを基準として測った貿易利益率π_Eは，$\frac{7}{24} / \frac{100}{120} = \frac{7}{20} =$ 35％である。

しかし，逆に，イギリスがポルトガルにワインを輸出して（左に移動），ラシャを輸入する（上に移動）場合には，国内で交換することによって得られる量（たとえば，点C'_{EE}）よりもより少ない量（たとえば，点C^N_{ET}）のワインと交換することができるために貿易による利益が負になることが分かる。

このように，それぞれの国においてワインとラシャの交換比率が異なること

から，貿易を行なうことによって貿易利益が発生することが説明されるのである。このように，財の交換比率が国によって異なるのは，財の生産費用の比率において格差があることが原因である。これが「比較生産費説」という名の由来である。

2 比較生産費説と労働価値説

リカードに従って，財の価格は投下労働量で表わされるという意味で労働価値説を採用するならば，財の相対価格は労働生産性の格差によって説明される。すなわち，いま，財の価格 P_i がそれぞれの財1単位を生産するために必要な必要労働量 L_i と賃金率 W によって決定されるならば，次の（Ⅰ.1.5）式のように定式化される。

$$P_i = \frac{wL_i}{X_j} = wa_i \quad (i=1, 2) \tag{Ⅰ.1.5}$$

ここで，$a_i = \frac{L_i}{X_j}$ は，i 番目の財を1単位生産するために必要な労働量（労働生産性の逆数）である。

財の相対価格は，次の（Ⅰ.1.6）式のように表わされる。

$$\frac{P_i}{P_j} = \frac{wa_i}{wa_j} = \frac{a_i}{a_j} \tag{Ⅰ.1.6}$$

以上の関係から，財の相対価格はその財の生産のための必要労働量比率として，すなわち，労働の生産性格差として表されるのである。このことから，財の相対価格が国によって異なること（相違があること）は労働の生産性の相違によって説明されるのである。

また，ここで（Ⅰ.1.6）式より，それぞれの経済における賃金率水準は労働の生産性格差には反映されないことが分かることから，国際間の賃金率格差は，比較優位の決定要因としては無関係であることに注意しなければならない[注7]。このことは，次のように説明することができる。

リカードの労働価値説に従って，各財の生産のために投入される生産要素の価値は，労働投入量として考える。w をわが国の賃金率，w^* を貿易相手国の賃金率，a_i をわが国の i 財生産の必要労働量，a_i^* を相手国の i 財生産の必要労働量であるとする。

わが国の i 財生産が j 財に対して比較優位を持つための条件は，わが国の i 財の生産費用に対する j 財の生産費用の比が，貿易相手国の i 財の生産費用に対する j 財の生産費用の比率よりも小さいことである。すなわち，わが国は i 財に比較優位を持ち，j 財に比較劣位を持つための条件は，次の（Ⅰ.1.7）式のように表わされる。

$$\frac{wa_i}{wa_j} < \frac{w^*a_i^*}{w^*a_j^*} \qquad (\text{Ⅰ}.1.7)$$

両辺のそれぞれにおいて賃金率 w と w^* は消去されるために，（Ⅰ.1.7）式は，次の（Ⅰ.1.8）式のように書き替えることができる。

$$\frac{a_i}{a_j} < \frac{a_i^*}{a_j^*} \qquad (\text{Ⅰ}.1.8)$$

以上の説明から，わが国にとって i 番目の産業が j 番目の産業に対して比較優位を持つ条件は，上の（Ⅰ.1.8）式のように両国間の労働生産性相違によって説明されるのである[注8]。

すなわち，産業間の労働の生産性相違が国際間に存在することが国際貿易が実現される原因であるということをリカードの「比較生産費説」は説明しているのである。

また，両国間の賃金率格差 $\frac{w}{w^*}$ は，比較優位の決定要因ではないことが説明されるのである。

3 「比較生産費説」の一般的な説明

以上の説明から，生産費の比率の差によって国家間に相対価格の相違が発生する原因は，各財の生産のために必要な必要労働量の比率における相違，す

なわち，生産技術における格差であることが説明されるのである。
① 貿易相手国の交換比率・交易条件（terms of trade）と比較して相対的に安い費用で生産・供給できる財について，その国は比較優位（comparative advantage）を持つこと。
② 比較優位を持つ財を輸出して比較劣位（comparative disadvantage）の財を輸入することによって，国内の資源をより有効に利用することが可能となり，これによって生じた国内の余剰が経済全体の貿易利益として説明されること。
③ 「貿易利益」は，国と国の間における財の交換比率が異なることによって発生すること。
④ 国と国の間において財の生産費用（生産要素の生産性）が異なり，国際間に相対的な格差が発生する原因は，労働価値説のもとでは，それぞれの財1単位の生産のための必要な労働量（必要労働量）が異なることが主要な要因であること。
⑤ その国が比較優位を持つ産業に国内の資源利用をシフトさせて産業を特化（specialization）させて貿易規模を拡大して，より大きな貿易利益を獲得することが可能であること。

[注]
(1) ラシャとは，羊毛で地が厚く密な毛織物，最近では毛織物全般を指す。羊毛やその他の獣毛を原料とする織物業が，重要な産業として歴史上に認められるのは，中世のことである。北イタリアのフィレンツェで羊毛をイギリスから輸入して織物とし，これをヴェネツィア商人たちが売り捌き，13世紀末には最盛を誇った。15世紀頃からは，イギリスの毛織物工業が圧倒的優勢をもって市場を圧した。イギリスは毛織物工業を中心として，産業革命を達成し，羊毛輸出から毛織物輸出へと転じた。
(2) 規模に関して収穫一定と仮定する。
(3) イギリスにおいては，ポルトガルよりもラシャとワインの生産費用が高く想定されている。このことは，イギリス経済のほうがポルトガル経済よりも賃金率が高いとか，労働生産性が低いとかを反映しているのではない。イギリスにおける生産方法のほう

が資本集約的であるために，この資本に投下された労働投入量がより大きく表われていると考えるべきなのである．
(4) 以下の説明において，貿易にかかわる輸送費用等の存在は無視している．
(5) 貿易規模が大きくなりすぎると，貿易利益がマイナスになる場合があることに注意しなければならない．
(6) ポルトガルと同様に，貿易規模が大きくなりすぎると，貿易利益がマイナスになる場合があることに注意しなければならない．
(7) リカードの比較生産費説においては，労働者の賃金率が相対的に安い国が，輸出に有利であり，高い国は不利であるという説明は，成り立たないことに注意しなければならない．
(8) この式は2財間のモデルとして成立する．しかし，多数財のケースにおいて任意の2組の財（i財とj財）の間で，このような関係式が成立することは重要である．

第2章

絶対優位の理論

1 市場均衡の意味

1.1 一物一価の法則

　同一財が同一価格で取引されるように，1つの市場において取引が行なわれることを「一物一価の法則」と言う[注1]。

　この「一物一価の法則」とは，完全競争市場のもとでは，同じ質の商品は，同一市場において，同一の価格で取引されるという経済法則である。完全競争とは，市場に売り手も買い手も十分に多くの参加者がいて，一人ひとりの売り手や買い手はその取引量が少ないので，市場に影響を与えることがないようなアトミック（原子的・小さな）な存在であると想定されている競争的な市場である。アトミックな存在とは，現在の市場の状態のもとで，それぞれの経済主体が供給量や需要量を変更しても市場価格に影響を与えることはできないような小さな存在であるという意味である。売り手も買い手も相互に競争しており，買い手は市場に提供される商品の品質や価格について完全な知識を持っていると想定される市場状態である。

　このような完全競争市場では，商品の価格は，同質商品に対する市場全体の需給関係で決定される。なぜならば，もし，ある売り手が均衡価格よりも高い価格をつければその売り手の財の需要が減少し，やがて均衡価格まで引き下げざるを得なくなるからである。それ故に，各経済主体は市場で決定される市場価格を受動的に受け入れて取引量を決めること（プライス・テイカー；価格受容者）になり，市場全体の需給量が一致した点で市場均衡価格と均衡取引量が成立すると考えるのである。

1.2 裁定取引

裁定取引（arbitrage）とは，同じ価値の商品が異なった市場において異なった市場価格で取引されているときに，相対的に低い価格の市場で購入し，相対的に高い価格の市場で販売することによって利益が発生することを目的として成立する取引である。市場が成熟している財については，短時間で市場均衡価格に収束するため，裁定取引の余地は少ない。しかし，(1)情報の非対称性がある場合や，(2)市場参加者が少ない場合，(3)商品の流動性が低い場合などの条件が満たされると，比較的長期間にわたって裁定によって利益が発生する余地が残ることがある。

このような「一物一価の法則」と「裁定取引」が世界的規模において成立すると仮定することによって，国際貿易理論は「絶対優位の理論」として説明されるのである。

2 絶対優位の理論

2.1 絶対優位

国と国の間で貿易が行なわれるとき，どのような財が輸出され，どのような財が輸入されるかという問題，すなわち，どのような組み合わせで財とサービスが貿易されるかを経済理論として説明した最初の経済学者は，アダム・スミスであると考えられている。

アダム・スミスの貿易理論とは，「買うよりも作るほうが高くつくようなものを自分のところで作ろうとするのは〔賢明ではない〕……」（大内兵衛・松川七郎訳，『諸国民の富』岩波書店，1969年，p.681）という説明で理解される。

交換によって手に入れるよりも自分で「作るほうが高くつく」ものを自分で作ることは，資源の非効率的な使用である。より有利なものを自分で生産してそれと交換に交易によってその財を獲得するほうが資源の効率的な利用となり社会にとってより多くの利益をもたらすことになるという説明である[注2]。

国際貿易の理論においては，ある財の生産費が他の国における生産費よりも高いとき，国内で生産するよりも海外から輸入するほうが資源の節約になることが説明される。

ある財の生産が他の国における生産費よりも低いときには，その国はその当該財について「絶対優位」を持ち，この財が海外に輸出され，それと交換に「絶対劣位」の財を輸入することによって貿易利益があると説明されるのである。

2.2 内外価格差と絶対優位の理論

国際貿易についての第1の関心は，どのような財がどれだけ輸出されるか，あるいは輸入されるかという問題である。このような問題について直観的に理解しやすい説明として，「絶対優位の理論」がある。

「絶対優位の理論」においては，貿易される財の種類とその量は，国内市場と国外市場におけるその財の内外価格差によって決定されると考えられる。すなわち，それぞれの財の生産費用，流通費用，各種の流通マージンを考慮した市場価格についてその国際間の価格差が貿易される財の種類と数量を決定する要因であると説明されるのである。

いま，P_iをi財のわが国での市場価格，P_i^*をi財の外国での市場価格とすると，わが国にとってi財が輸出財であるか輸入財であるかは，国内での市場価格と外国での市場価格との内外価格差から決定されることになる。ここで，eは外国通貨建て為替を国内通貨で測った値であり，邦貨建て為替相場である。＊は外国での外貨建て市場価格を表わす記号として使用する。

すなわち，$P_i \leqq eP_i^*$の場合は，国内の市場価格のほうが安い財であり，この財は「輸出財」である。自国はこのi財に関して「絶対優位」を持つという。逆に，$P_i \geqq eP_i^*$の場合は，外国市場での価格のほうが安い財であり，このj財は「輸入財」である。

3 輸出財市場

　この節では,輸出財市場について考える。最初に,輸出財の価格が世界市場において決定されている「小国の仮定」を前提として,輸出価格と輸出数量の決定について考える。次に,輸出による消費者余剰と生産者余剰の変化を分析して,「輸出による貿易利益」の大きさについて考える。さらに,為替相場の変化が輸出財市場に与える影響について説明する。

3.1 輸出財の定義,輸出量・輸出額の決定

　いま,輸出財の市場均衡の説明は,図I.2.1のように描くことができる[注3]。この図の右下がりの直線 D_i は国内需要曲線であり,右上がりの直線 S_i は国内供給曲線である。国内の市場均衡点は両曲線の交点である点 E で表わされる。

　この経済において生産され海外に輸出される財の量は規模が限られているので,世界市場で決定されるこの財の価格に影響を及ぼさないという意味で「小国の仮定」のもとで議論を進める。また,輸送費用は財価格の一定の割合 ϕ （×100%）であるとし,邦貨建て為替レートを e とする。

　ここで,第 i 財が輸出財であるための条件は,この財を海外に輸出したときに利益があるということである。すなわち,貿易開始以前の国内価格 P_i^0 （=OF）を基準にして,その財の海外市場での販売価格 P_i^* から輸出のために必要な諸費用と輸送費用を控除して決定される企業の輸出代金の受け取り価格を為替相場で換算した価格 eP^* が,同じ財の国内価格 P_i^0 よりも高いか,少なくとも同一価格でなければならないということである。

　以上の条件をまとめると,第 i 財が輸出財であるためには,国内市場価格 P_i と世界市場価格 P_i^* との間に,次の（I.2.1）式の関係が成立することが必要である。

$$P_i \leq eP^* \qquad (\text{I}.2.1)$$

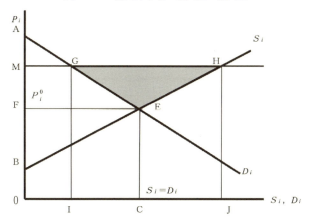

図 I.2.1 輸出財市場—輸出量と輸出額

この場合，わが国は第 i 財について，絶対優位を持つのである。また，「輸出財」とは「輸出される財」という意味だけではなく，輸出されている財と同様の財が国内市場においても消費・取引されているという意味であることに注意しなければならない。

この（I.2.1）式から，この財の輸出量が増加するにつれて，この財の国内市場価格は次第に海外市場価格に近づくことが想像できる。それ故に，為替相場の変化や輸送費用の変化によって，国内市場価格が変化することが説明されるのである。

3.2 輸出による貿易利益

図 I.2.1において，国際貿易が行なわれない場合のこの財の国内市場における市場均衡点は点 E あり，国内価格は P_i^0（$=$OF）である。このときの消費者余剰は三角形 AEF，生産者余剰は三角形 BEF，消費者余剰と生産者余剰の合計である社会的余剰は三角形 ABE によってそれぞれ表わされる。

いま，この財が輸出財であり，その世界市場価格が eP^*（$=$OM）であるとき，この財の輸出量は GH であり，輸出額は四角形 IGHJ である。国内の輸出

財産業の生産量は貿易が行なわれない場合の生産水準 OC（=FE）から OJ（=OH）に増加しており，生産者余剰は三角形 BEF から三角形 BHM に増加している。また，国内の需要量は OC（=FE）から OI（=MG）に減少しており(注4)，消費者余剰は三角形 AEF から三角形 AGM に減少している。社会全体の余剰は，三角形 GEH の分だけ増加していることから，この三角形 GEH を「輸出による貿易利益」という。

3.3　為替相場の変化と輸出財市場への影響

次に，この経済の為替相場が変化した場合の輸出数量および輸出額への影響と，消費者余剰・生産者余剰・社会的余剰への影響について考察する。ここで，輸送費用の存在は無視する。

① 為替相場上昇の輸出財市場への影響

初期の邦貨建て為替相場を e_0 として，為替相場が $e_1(<e_0)$ に増価(注5)，あるいは切上げられた場合(注6)の輸出財市場への影響について考える(注7)。

為替相場の増価（円高・ドル安）は，外貨建ての価格 P_i^* が一定の下では国内価格を $e_0 P_i^*$ から $e_1 P_i^*$ に下落させるため，図 I.2.2 において，国内市場価格も OM から OM′ に下落する。

図 I.2.2　為替相場の上昇と輸出量・輸出額の変化

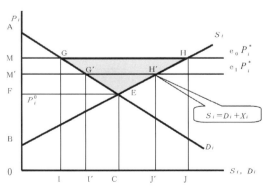

国内価格の下落によって、国内需要量はMGからM'G'へ増加し、国内供給量はMHからM'H'に減少する。このため、輸出量はIJからI'J'に減少し、輸出額は四角形IGHJから四角形I'G'H'J'に減少する。

邦貨建て輸出額は、価格の低下と輸出数量の減少を反映して必ず減少しているが、外貨建て輸出額についても外貨建て価格が一定のもとで、輸出数量の減少分に対応して必ず減少していることが分かる(注8)。

② 為替相場下落の輸出財市場への影響

邦貨建ての為替相場がe_0からe_2に減価（$> e_0$）(注9)、あるいは切下げられた場合(注10)の輸出財市場への影響について考える。

為替相場の減価（円安・ドル高）は、外貨建ての価格P_i^*が一定のもとでは国内価格を$e_0 P_i^*$から$e_2 P_i^*$に上昇させるため、図I.2.3において、国内市場価格もOMからOM″に上昇する。

図I.2.3 為替相場の下落と輸出量・輸出額の変化

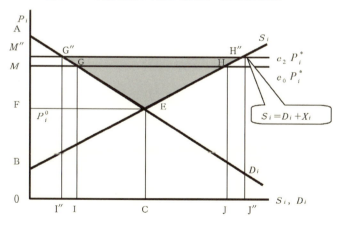

国内価格の上昇によって国内需要量は MG から M"G"に減少し，国内供給量は MH から M"H"に増加する。このため，輸出量は IJ から I"J"に増加し，輸出額は四角形 IGHJ から四角形 IG"H"J"に増加する。邦貨建て輸出額は，価格の上昇と輸出量の増加を反映して必ず増大しているが，外貨建て輸出額についても外貨建て価格が一定のもとで，輸出数量の増加分に対応して必ず増大していることが分かる。

このとき，消費者余剰は三角形 AMG から三角形 AM"G"に減少し，生産者余剰は三角形 BMH から三角形 BM"H"に増加し，社会的余剰は四角形 GG"H"H 分だけ増加する(注11)。この四角形 GG"H"H は輸出増による貿易利益である。

3.4 輸出補助金政策

貿易収支の赤字を減らすために，あるいは貿易収支の黒字を拡大して，外貨を獲得するために，政府は輸出を増加させようとする政策手段として輸出補助政策がある。

いま，輸出される財 1 単位当たりに一定の割合 α で補助金を与えることによって輸出額を増加させる政策を考える。

図 I.2.4 のように，ある輸出財の供給曲線が直線 S_i，この財の世界市場価格が P_i^* で表わされるとき，輸出補助金が α（<1）の割合で決定されるならば，供給曲線は S_i から S_i^α のように右下にシフトする。この結果，輸出量は GH から GH^α に増加し，輸出額は四角形 IGHJ から四角形 $IGH^\alpha J^\alpha$ に増加することになるのである。

輸出に対する補助金政策の具体的な方法としては，日本では輸出所得に対する減免税という形などでの一種の隠れた輸出補助金の制度・輸出優遇税制（海外市場開拓準備金・輸出割増償却制度）が行なわれてきた。しかし，このような輸出補助金制度と輸出優遇税制はその効果が異なるものである。

輸出補助金の大きさは三角形 BHH^α の面積で表わされ，輸出を行なう企業に対して輸出量，あるいは輸出額（四角形 IGHJ）に比例して与えられる。これに対して，輸出優遇税制とは，当該企業が課税の対象となる利潤（三角形

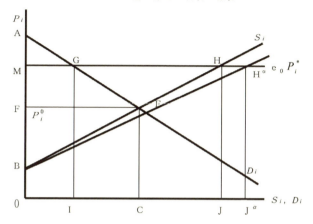

図 I.2.4 輸出補助金政策の効果

BMH）をあげたときに初めて「隠れた補助金」が与えられる制度であり，差別的な性格を持つものである。また，GATT や WTO においては自由貿易の原則から輸出に対して補助金を与えることは原則的に禁止されている。

4 輸入財市場

この節では輸入財市場について考える。最初に輸入財の外貨建て価格 P_j^* が，世界市場において決定されているとする。「小国の仮定」を前提として，輸入価格と輸入数量の決定について考える。ここで，輸送費用と保険等の貿易費用の存在を無視して輸入財市場について考える。次に，輸入による消費者余剰と生産者余剰の変化を分析して，「輸入による貿易利益」の大きさについて考える。さらに，為替相場の変化が輸入財市場に与える影響について説明する。

4.1 輸入量と輸入額の決定

いま，輸入財の市場均衡の説明は，図 I.2.5 のように描くことができる。この図の右下がりの D_i 曲線は国内の需要曲線であり，右上がりの S_i 曲線は国内の供給曲線である。この財市場の国内の市場均衡点は点 E で表わされる。

図 I.2.5 輸入財市場

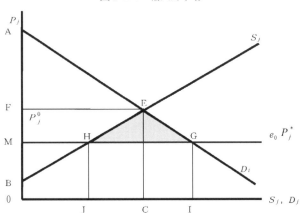

　この経済において消費される海外から輸入される財の量は規模が限られているため，輸入財価格は輸入量に依存しないで一定の価格でいくらでも輸入可能であるという意味で「小国の仮定」をとる。言い換えればこの財に関する市場規模が世界経済の市場規模と比較してそれほどには大きくないために，この国の輸入量の変化が世界市場におけるこの財の市場価格に影響を与えないということを仮定していることになる。また，邦貨建ての為替レートを e とする。

　ここで，第 j 財が輸入財であるための条件は，この財を海外から輸入したときに利益があるということである。すなわち，貿易開始以前の国内価格 P_j^0（$=$CE）を基準にして，その財の海外市場での購入価格 P_j^* が，同じ財の国内価格 P_j^0 よりも低いか，少なくとも同一価格でなければならないということである。

　以上の条件をまとめると，第 j 財が輸入財であるためには，国内市場価格と世界市場価格との間に，次の（I.2.2）式が成立することが必要である。

$$P_j^0 \geqq eP_j^* \tag{I.2.2}$$

　このような場合，第 j 財について外国が絶対優位を持ち，わが国は第 j 財について絶対劣位にあるという。また，「輸入財」とは，「輸入された財」という意味だけではなく，輸入されている財と同様の財が国内市場においても生産さ

れ取引されているという意味であることに注意しなければならない。

この（I.2.2）式から，この財の輸入量が増加するにつれて，この財の国内市場価格は次第に海外市場価格に近づくことが想像できる。それ故に，為替相場の変化や輸送費用の変化によって国内市場価格が変化することが説明されるのである。

この輸入財について，「小国の仮定」より，海外からの供給の価格弾力性は無限大であり，P_j^* の輸入価格のもとでどれだけの数量でも海外から輸入可能であるとき，供給曲線は水平に表わされるため，この財の市場均衡点は図I.2.5において点Gになる[注12]。

4.2　輸入による貿易利益

図I.2.5において，国際貿易が行なわれない場合のこの第 j 財の国内市場における市場均衡点は点Eであり，このときの消費者余剰は三角形AEF，生産者余剰は三角形BEF，消費者余剰と生産者余剰の合計である社会的余剰は三角形ABEによってそれぞれ表わされる。

いま，国内市場価格が P_j^0（＝OF）であるとき，この財は輸入財であり，その輸入量はJIであり，輸入額は四角形JHGIである[注13]。国内の輸入財産業の生産量は貿易が行なわれない場合の生産水準OCと比較して，貿易が行なわれることによってOJの水準に減少している。国内の需要量は貿易が行なわれない場合のOCから，貿易が行なわれることによってOIに増大している。

消費者余剰は輸入以前の三角形AEFから，この財をより安く購入できるようになったことを反映して，三角形AGMに増加しており，生産者余剰は輸入以前の三角形BEFから，市場価格が低下したことを反映して，三角形BHMに減少している。

このとき，社会的余剰はこの財の輸入によって，三角形EHGだけ増加していることが説明される。この三角形EHGは，「輸入による貿易利益」と呼ばれる。

4.3 為替相場の変化と輸入財市場への影響

次に,この経済の通貨の為替相場が変化した場合の輸入数量・輸入額への影響と消費者余剰・生産者余剰・社会的余剰への影響について考察する(注14)。

① 為替相場増価の輸入財市場への影響

初期の邦貨建て為替相場を e_0 として,為替相場が e_1 に増価($< e_0$),あるいは切上げられた場合について考える。

為替相場の増価(円高・ドル安),あるいは,切り上げは,外国市場での外貨建て価格が P_j^* で一定のもとでは国内価格を下落させるため,国内市場価格は $e_0 P_j^*$ から $e_1 P_j^*$ に下落する。このため,図 I.2.6 において,国内市場価格の下落によって国内需要量は OI から,OI′ に増加し,国内生産者の供給量は OJ から OJ′ に減少するために,輸入量は JI から J′I′ に増加し,輸入額は四角形 JHGI から四角形 J′H′G′I′ に変化する。この輸入額の変化については,外貨建て価格は一定不変であるから必ず増加するが,国内通貨建て(邦貨建て)では増加する場合もあるし,減少する場合もある。

このとき,消費者余剰は三角形 AMG から三角形 AM′G′ に増加し,生産者余

図 I.2.6 為替相場の増価と輸入量・輸入額の変化

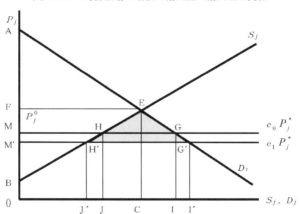

剰は三角形 BMH から三角形 BM'H' に減少し、社会的余剰は四角形 HH'G'G だけ増加することになるのである。

② 為替相場減価の輸入財市場への影響

初期の邦貨建て為替相場を e_0 として、為替相場が e_2（$> e_0$）に減価（円安・ドル高）、あるいは切下げられた場合について考える。

為替相場の切下げは、外貨建ての価格が一定の下では国内市場価格を上昇させるため、図Ⅰ.2.7においては、国内市場価格は $e_0 P_j^*$ から $e_2 P_j^*$ に上昇する。国内市場価格の上昇によって国内需要量は OI から、OI″ に減少し、国内生産者の供給量は OJ から OJ″ に増加するために、輸入量は JI から J″I″ に減少し、輸入額は四角形 JHGI から四角形 J″H″G″I″ に変化する。

この輸入額の変化については外貨建て価格が一定不変であるため、外貨建てでは必ず減少するが、国内通貨建てでは増加する場合もあるし、減少する場合もある。このとき、消費者余剰は三角形 AGM から三角形 AG″M″ に減少し、生産者余剰は三角形 BHM から三角形 BH″M″ に増加し、社会的余剰は四角形 HH″G″G だけ減少する。

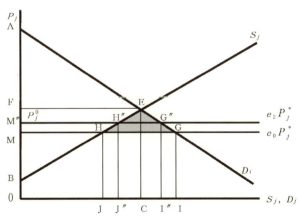

図Ⅰ.2.7 為替相場の減価と輸入量・輸入額の変化

[注]

(1) 経済学では，このような条件を完全競争市場が成立するための前提条件としている。このような条件が成立しない場合は，「不完全競争市場」として分析を行なう。
(2) このような交易動機についての説明は，後にリカード（D. Ricardo；1772-1823年）が展開する「比較生産費説」に通ずるものである。
(3) この輸出財の国内市場は，「完全競争の仮定」が満たされているとして議論を進める。また，ここでの分析は，他の市場との相互作用は無視した部分均衡分析の範囲内で議論を進める。
(4) 貿易相手国の輸入額は，この輸出額である四角形GHJIよりも輸送費用や保険料や倉庫業などの貿易費用の大きさの分だけ大きい額として計算される。この貿易のための諸費用がわが国のサービス収入になる場合は，国内取引による利益であるが，この貿易のための費用が海外の企業に支払われる場合にはサービスの輸入ということになる。この大きさは，CIF（Cost, Insurance and Freight）と言われる運賃・保険料込み条件であり，シフと読む。CIFによる貿易契約では，輸出者は，貨物を荷揚げ地の港で荷揚げするまでの費用（運賃，海上保険料等）を負担し，荷揚げ以降の費用（輸入関税，通関手数料を含む）は輸入者の負担となる。しかし，危険負担は貨物が積み地の港で本船に積み込まれた時点で移転する。日本の貿易統計では，輸出はFOB（本船渡し）価格，輸入はCIF価格で計上されている。一方，国際収支統計では，輸出も輸入もFOB価格で計上するため，国際収支統計を作成する際には，貿易統計の輸入額から運賃，保険料などを控除することが必要である。輸送業者や保険業者が国内の業者であるときは，輸送費用分は国内取引に対応し，輸送業者が海外の業者である場合はサービス収支の支払（輸入）に対応するのである。
(5) 変動相場制度の場合には，自国通貨の価値の上昇を増価（appreciation）と言い，自国通貨の価値の減価（depreciation）と言う。
(6) 変動相場制度の場合は，切上げ，切下げと言う。邦貨建て為替相場であるため，自国通貨の価値の上昇は，外貨の邦貨建て価格を低下させる。
(7) ここでの比較静学分析の説明においては，輸送費用の存在は省略して議論を行なっている。
(8) この余剰分析においては，輸送費用の減少については考慮していない。もし，この財の輸出のための輸送が国内業者によって行なわれているならば，社会的余剰はその分だけ減少する。
(9) 変動相場制度の場合には，自国通貨の価値の下落を減価（depreciation）と言う。
(10) 邦貨建て為替相場であるため，自国通貨の価値の低下は，外貨の邦貨建て価格を

上昇させる。

(11) この余剰分析においては，輸送費用の増加については考慮していない。もし，この財の輸出のための輸送が国内業者によって行なわれるならば，社会的余剰はその分だけ増加する。

(12) この輸入財の国内市場は，「完全競争の仮定」が満たされているとして議論を進める。また，他の市場との相互作用は無視した部分均衡分析による分析を進める。

(13) このときの貿易相手国の輸出額よりも輸送費用や保険料などの貿易費用の分だけ過大である。

(14) ここで，輸送費は無視する。

第3章

輸送費と貿易財・非貿易財

1 輸送費用と貿易財

　国際貿易が行なわれるためには，財の国際間の移動のために本来の輸送費だけではなく，貿易保険，倉庫費用，関税負担等の輸入・輸出業務についての諸費用等も合わせて「輸送費の問題」として考慮しなければならない。

　本節においては，貿易のために必要な輸送費用や，その他の費用は，一括して輸送費として考える。この輸送費は，輸入財の場合も，輸出財の場合も，それぞれの財価格の一定割合のϕ（×100％）が必要であると仮定して議論を行なう。

1.1 輸送費用と輸出財

　国際貿易のための輸送費用等を考慮して，世界市場においてi財についてわが国が絶対優位を持ち，このi財が海外に輸出されるためには，次の条件が必要である。すなわち，国内の市場価格P_iに輸送費用ϕ（×100％）を考慮したi財の海外市場での価格P_i^*が，外国の同一の財の市場価格P_i^*を為替相場eで換算した市場価格eP_iよりも安いことが必要である。

　いま，i財の価格をP_iと表わすと，この財が輸出財であるためには財の価格について，次の（Ⅰ.3.1）式の条件が成り立たなければならない。ここで，e_0は邦貨建て（円建て）為替相場である。邦貨建て為替相場とは，外国為替を自国通貨建て（円建て）で価格付けを行うことである。

$$(1+\phi)P_i \leq e_0 P_i^* \tag{Ⅰ.3.1}$$

　この（Ⅰ.3.1）式の条件は，次の（Ⅰ.3.1）'式によっても表わすことがで

きる。

$$P_i \leq \frac{e_0}{1+\phi} P_i^* \qquad (\text{I}.3.1)'$$

いま，図 I.3.1 において，縦軸にこの財の国内価格 P_i（輸出財価格）を邦貨建てで取り，横軸にこの財の世界市場価格 P_i^* を外貨建てで取ると，直線 OE で表わされる。この OE 線の傾きが $\dfrac{e_0}{1+\phi}$ の直線である。

ここで，輸出財の領域は，輸送費を考慮したその財の国内価格よりも海外価格のほうが高い領域として定義される。すなわち，輸出財の領域はその財の国内価格と海外価格の組合せが直線 OE よりも右下の領域で横軸に挟まれた領域にある財，たとえば点 A のような財として説明される。

点 A で表わされる財とは，世界市場において購入する場合に，たとえば，ある財が海外では 10 ドルであり，現行の為替相場が 1 ドル＝100 円（$e_0 = 100$ 円/＄）であれば，円建て価格では 1,000 円となるが，国内市場では 600 円（6 ドル）で販売されているような財である。このとき，この A 財を 10 ドルで輸出して外貨を獲得して自国の通貨 1,000 円と交換することによって貿易利益を得ることが可能となる。この財が国内では 600 円であるとすると，貿易相手国

図 I.3.1　貿易財と非貿易財

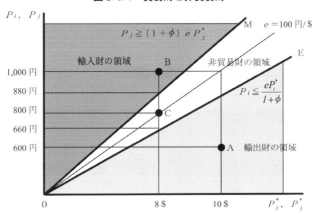

の国内価格は 10 ドル（＝1,000 円）であるから，輸送費用 100 円を差し引いても 300 円の利益となる。

1.2 輸送費用と輸入財

国際貿易のために必要な輸送費用等を考慮して，外国が j 財について絶対優位を持つ場合について考える。すなわち，自国は j 財について絶対劣位の状態であるような財である。j 財が自国に輸入されるための条件は，j 財の自国での市場価格 P_j が外国での市場価格 P_j^* に輸送費用 ϕ（×100％）を考慮した市場価格よりも高いことが必要である。

いま，この財価格を P_j と表わすと，次の（Ⅰ.3.2）式の条件が成立しなければならない。

$$P_j \geqq (1+\phi)e_0 P_j^* \tag{Ⅰ.3.2}$$

ここで，P_j^* は外貨建ての輸入財価格，e は邦貨建ての外国為替相場である。

いま，図Ⅰ.3.2 において，縦軸にこの財の国内価格 P_j を邦貨建てで取り，横軸にこの財の世界市場価格 P_j^* を外貨建てで取ると，直線 OM は傾きが $(1+\phi)e$ の直線で表わされる。輸入財とはその財の国内価格が輸送費を考慮した海外価格よりも高い場合であり，たとえば，点 B のようにこの直線 OM よりも左上の領域で縦軸に挟まれた範囲内の価格の組合せとして表わされる財の集合として説明することができる。

点 B で表わされる財とは，世界市場で，たとえば 8 ドルで購入する場合，現行の為替相場が 1 ドル＝100 円，$\phi=0.1$ であれば，輸送費用を含めた円建て国内価格は 880 円となるが，国内市場では 1,000 円で販売されている財であるから輸入したほうが安い財である。このとき，自国通貨を外国通貨に替えて B 財を輸入して国内市場で販売することによって，120 円（＝1000 円－880 円）の貿易利益が発生することが説明される。

1.3 輸送費用と非貿易財

このように，国内価格と海外の市場価格との差によって，輸入財や輸出財か

が定義された。しかし，財の中には輸入財にも輸出財にも分類されない，すなわち，貿易が行なわれない財である非貿易財も存在することを説明する。

輸出財であるための条件（Ⅰ.3.1）式と輸入財であるための条件（Ⅰ.3.2）式のどちらの条件も満たされないとき，その財は輸入財でも輸出財でもないという意味で非貿易財であると定義される。

このような非貿易財（k財）の範囲は，次の（Ⅰ.3.3）式のように定義される。

$$\frac{e_0}{1+\phi}P_k^* \leq P_k \leq (1+\phi)e_0 P_k^* \tag{Ⅰ.3.3}$$

このように海外との貿易に関係のない非貿易財とは，世界市場価格よりも安いにもかかわらず輸送費等の輸出費用を考慮すると，世界市場価格よりも高くなるために輸出することによって損失が生じる財である。また，世界市場価格が国内市場価格よりも安いにもかかわらず輸送費等の輸入費用を考慮すると，国内市場よりも高くなるため輸入することによって損失が生じる財である。

この非貿易財の領域は，図Ⅰ.3.1において直線OMの下の部分と直線OEの上の部分の範囲内の領域にある財である。たとえば，C財として説明される。ここで，C財とは，世界市場価格が8ドルで，輸送費用の割合が$\phi=0.1$として0.8ドルとなることを考慮すると，この財を輸入する国内市場価格は880円（＝11ドル）となるためには，市場価格よりも高くなるために利益がないのである。逆に，輸出すれば，8.8ドルとなるため，輸出しても，貿易相手国の国内価格8ドルよりも高くなるために利益が発生しないのである。すなわち，輸出しても，輸入しても，貿易利益が発生しない財である。

2　為替相場の変化と貿易財と非貿易財の領域の変化

外国為替相場には，外国為替の価格を邦貨によって表わす邦貨建て為替相場と国内通貨の価値を外貨で表わす外貨建て為替相場がある。本書では全体を通して，邦貨建て為替相場を使用して説明してする。外国為替相場が変化した場合には，輸入財と輸出財の貿易財と非貿易財の領域の範囲に変化が生ずる[注1]。

外国為替相場は，固定相場制度の場合には，国家間の協議によって一定量の金(注2)，あるいは米ドルに対する平価を設定して，その平価を維持するように中心為替相場とその変動幅が決定され，政府や中央銀行の通貨当局（monetary authority）による外国為替市場への介入によって，その平価を維持する努力が義務付けられる。

変動相場制度の場合には，政府や中央銀行の外国為替市場への介入は一切禁止され，外国為替市場において毎日の外国為替市場における需給関係によって自由にその為替相場が決定されるのである。

固定相場制度の場合の外国為替相場の変化は，制度的に決定されるものであり，その相場は継続的であるのに対して，変動相場制度の場合の為替相場の変化は一時的である場合が多い。しかし，本章においては，変動相場制度の場合を前提としながら，当期の為替相場の変化が当該期間を通して継続的であると貿易関係者が予測していることを前提として説明を行なう。

また，為替相場の変化について，固定相場制度においては，自国通貨価格の上昇については「切上げ」，下落については「切下げ」を使用するが，変動相場制度においては，自国通貨価値の評価の上昇を「増価」（appreciation），評価の低下を「減価」（depreciation）として使用する。

2.1 為替相場の上昇の影響

この国の通貨が基軸通貨に対して増価した場合（$e_0 = 100$ 円/\$ から $e_1 = 90$ 円/\$ への円高）には，国内市場価格は世界市場価格と比較して高くなるため，図Ⅰ.3.2において，輸出財の領域と非貿易財の領域の境界線を表わす直線OEと輸入財の領域と非貿易財の領域の境界線を表わす直線OMは，原点を中心として時計の針周りに回転してOE′線とOM′線のように移動することになる。このような為替相場の増価した場合には，この国の輸入財の領域を拡大させ，輸出財の領域を減少させることが説明される。

たとえば，点Fで表わされる財はアメリカで10ドル，日本で1,000円であり，為替相場が1ドル＝100円の増価前ならば非貿易財であったのが，円高に

図 I.3.2 為替相場の増価の影響

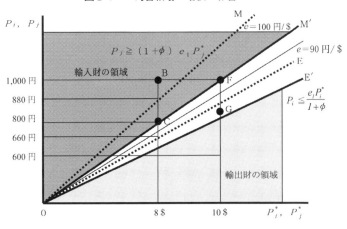

よって、1ドル＝90円になると、アメリカから輸入して輸送費を1割払っても990円（＝10＄×1.1×90円/＄）であるために、国内で生産される同一財の価格1,000円よりも安くなり、輸入財となるのである。また、点Gの財は為替相場の増価前は輸出財であったが、増価後は非貿易財となるのである。

2.2 為替相場の下落の影響

国内通貨が基軸通貨に対して減価した場合（e_0 から e_2 への円安）には、国内市場価格は世界市場価格と比較して低くなるため、図 I.3.3 において、直線 OE と直線 OM は原点を中心として時計の針と逆の方向に回転して OE″線と OM″線のように移動することになる。このような為替相場の減価は、この国の輸入財の領域を減少させ、輸出財の領域を増大させることが説明される。

たとえば、点Iの財はアメリカ経済では10ドルであり、日本経済では950円の財であり、1ドル＝100円為替相場では輸出すると10.45ドルとなるために、非貿易財であったが、1＄＝110円に減価後は9.5ドル（950円×1.1÷110円/＄）となり、アメリカ国内の同一財の10ドルよりも安いために輸出財となる財である。点Hの財は為替相場の減価前では輸入財であったが、減価後では非貿易財となるのである。

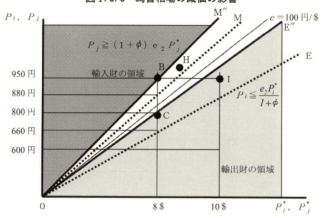

図 I.3.3 為替相場の減価の影響

3 絶対優位の理論と比較優位の理論は矛盾する

　いま，R財とS財との日米間の貿易について，図 I.3.4 を参考にしながら考える。R財はアメリカ国内では3ドルであり，日本国内では500円である。また，S財がアメリカ国内では3ドルであり，日本国内では400円である。絶対優位の理論で考えると，両財とも輸入財の領域に属する財である。なぜならば，アメリカから輸送費を払って輸入した価格は，それぞれ330円（3＄×1.1÷100円／＄）であるため，日本国内の価格500円と400円よりも安いからである。

　比較生産費説を前提として，このR財とS財との日米間の貿易について考える。ここで，為替相場は1ドル＝100として考える。いま，400円のS財を輸出すると4.4ドル（＝400円×1.1÷100円／＄）となる。しかし，これをアメリカ国内の同一財の価格である3ドルで販売して，そのお金でR財を購入して日本へ輸入して販売すると500円になるので100円の貿易利益が発生する。ここで，S財の輸送費用が40円であり，R財の輸送費用が0.3ドル＝30円であるから，輸送費合計は70円となり，貿易利益の100円からこの輸送費用の

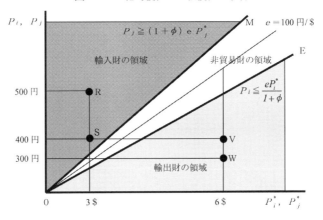

図 I.3.4　絶対優位と比較優位の矛盾

70円を引くと，30円の純利益が得られるのである。すなわち，絶対優位の理論において輸入財の領域に分類された財同士を交換する国際貿易を行なうことによって貿易利益が得られることが説明されるのである。すなわち，絶対優位の理論と比較優位の理論は，互いに矛盾する存在なのである。

次に，V財とW財との日米間の貿易について考える。ここで，為替相場は1ドル＝100として考える。いま，V財とW財との日米間の貿易について考える。V財はアメリカ国内では6ドルであり，日本国内では400円である。また，W財がアメリカ国内では6ドルであり，日本国内では300円である。絶対優位の理論で考えると，両財とも輸出財の領域に属する財である。なぜならば，日本から輸送費を払って輸出した価格は，それぞれ4ドル（＝400円×1.1÷100円/＄）と3ドル（＝300円×1.1÷100円/＄）であるから，アメリカ国内の価格6ドルよりも安いからである。

いま，日本国内で300円のW財を輸出すると，3.3ドル（＝300円×1.1÷100円/＄）となる。これをアメリカ国内の同一財の価格である6ドルで販売して，そのお金でV財を購入して日本へ輸入して販売すると400円になるので，100円（＝400円−300円）の貿易利益が発生する。ここで，S財の輸送費用が30円であり，R財の輸送費用が0.6ドル＝60円であるから，輸送費合

計は90円となり,貿易利益の100円からこの輸送費用の90円を引くと,10円の純利益が得られるのである。すなわち,絶対優位の理論において輸出財の領域に分類されたV財とW財を交換する国際貿易を行なうことによって,貿易利益が得られることが説明されるのである。

すなわち,先の輸入財同士の貿易利益の場合と同様に,絶対優位の理論と比較優位の理論は互いに矛盾する存在であることが説明されるのである。

[注]
(1) 外国為替相場の変動が一時的である場合には,このような分析は不要である。
(2) 第二次世界大戦後のブレトン・ウッズ会議において設立されたIMFにおいては,固定相場制度が採用され,1オンス=35ドルの平価が設定された。

第4章

ヘクシャー＝オリーンの定理

　スウェーデンの経済学者ヘクシャー（Heckscher, E. F.：1879-1952年）とその弟子オリーン（Ohlin, B. G.：1899-1979年）は，労働以外の「支払いを受ける生産要素」（paid factors of production）の存在を考慮することによって，技術や風土に差異のない国と国の間にも貿易が起こることを説明した。すなわち，それぞれの経済における資本ストックや労働力などの本源的生産要素（generic factors of production）の賦存比率の相違が，国際貿易の組み合わせと量を決定する重要な要因であることを説明したのである。この定理を「ヘクシャー＝オリーンの定理」（H. O. T.）という。

　「ヘクシャー＝オリーンの定理」とは，「各国は国内に比較的豊富に存在する生産要素を集約的に使用する産業に比較優位を持つ」という定理である。

　この「ヘクシャー＝オリーンの定理」によって，ある経済の貿易構造や国内の産業構造の関係や要素賦存比率と所得分配との関係などが一般均衡体系として分析可能となるのである。それ故に，要素賦存の変化や貿易政策による相対価格の変化が経済全体の生産構造や所得分配に及ぼす影響について分析することが可能となるのである。

1　基本モデルの説明

1.1　諸仮定

　「ヘクシャー＝オリーンの定理」を説明するために，この経済は2種類の産業，2種類の生産要素から成立する経済であると想定して，次のような諸仮定をおく。

　①　2種類の産業（第1産業と第2産業）は，本源的生産要素である資本

と労働の2つの生産要素によって生産が行なわれる。

② それぞれの産業における財の生産においては，生産要素としての資本と労働は代替的である。

③ 財市場も生産要素市場（資本市場と労働市場）も完全競争的であり，長期の市場均衡状態にある。

④ それ故に，企業の超過利潤はゼロであり，各財の価格と平均費用と限界費用は等しい。

⑤ 各生産要素の価格は各生産要素の限界生産力の価値に等しい。

⑥ 資本と労働は産業間を自由に移動することが可能であるが，国境を越えることはない。

以上の諸仮定のもとで，次のような基本モデルを考える。L は自国経済全体の労働賦存量，K は経済全体の資本ストック賦存量(注1)であり，それぞれの賦存量は当該期間において一定不変の量であり，外生変数であるとする。F_i は i 番目の産業の生産関数であり，技術的に所与である。L_i は i 番目の産業の雇用量，K_i は i 番目の産業の資本ストック投入量（稼働時間で測られるフロー量である），X_i は i 番目の産業の生産量とする。

いま，1番目の財をニューメレール（価値尺度財）とすると，第2財の第1財に対する相対価格は $p(=\frac{P_2}{P_1})$ と表わされ，$w(=\frac{W}{P_1})$ は実質賃金率，$r(=\frac{R}{P_1})$ は資本の実質レンタル・プライス，C_i は i 番目の生産物に対する需要量であり，α は第1財への消費の割合，$1-\alpha$ は第2財への消費量である(注2)。

また，交易条件が一定所与の値 p_0 で与えられている小国を仮定する。自国の国内経済のモデルは，4つの外生変数（L と K，p_0，α）と10個の内生変数（L_i，K_i，X_i，w，r，C_i；$i=1, 2$），そして，次の（Ⅰ.4.1）式から（Ⅰ.4.8）式までの式で表わされる。

【労働市場】　　　　$L_1+L_2=L$　　　　　　　　　　　　（Ⅰ.4.1）

【資本市場】　　　　$K_1+K_2=K$　　　　　　　　　　　　（Ⅰ.4.2）

【生産関数】　　　　$X_i=F_i(L_i, K_i)$,　　$i=1, 2$　　　　（Ⅰ.4.3）

【利子率決定】　　　$r = F_{1k}(L_1, K_i) = p_0 F_{2k}(L_2, K_2)$ 　　　（Ⅰ.4.4）
【賃金率と限界生産力】　$w = F_{1L}(L_1, K_2) = p_0 F_{2L}(L_2, K_2)$ 　　（Ⅰ.4.5）
【予算制約条件式】　　$X_1 + p_0 X_2 = C_1 + p_0 C_2$ 　　　　　　　（Ⅰ.4.6）
【第1財の需要】　　　$C_1 = \alpha(wL + rK)$ 　　　　　　　　　　（Ⅰ.4.7）
【第2財の需要】　　　$C_2 = (1-\alpha)(wL + rK)$ 　　　　　　　　（Ⅰ.4.8）

1.2　自給自足経済の場合

自国の経済が自給自足経済の場合は，各産業生産物市場は国内で市場均衡条件を満たさなければならないため，次の（Ⅰ.4.9）式と（Ⅰ.4.10）式が成立する。

$$X_1 = C_1 \tag{Ⅰ.4.9}$$

$$X_2 = C_2 \tag{Ⅰ.4.10}$$

ここで，予算制約条件式より，次の（Ⅰ.4.6）'式が成立する。

$$X_1 + pX_2 = C_1 + pC_2 \tag{Ⅰ.4.6'}$$

この（Ⅰ.4.6）'式を整理すると，次の式が成立する。

$$X_1 - C_1 + p(X_2 - C_2) = 0$$

この（Ⅰ.4.6）'式との関係で，（Ⅰ.4.9）式が成立するとき，（Ⅰ.4.10）式が成立する。あるいは，（Ⅰ.4.10）式が成立するとき，（Ⅰ.4.9）式が成立することが分かる。すなわち，（Ⅰ.4.9）式と（Ⅰ.4.10）式の2本の式のうちの1本の式は独立ではないことが説明される。これを，「ワルラス法則」と言う。

1.3　開放体系の場合

開放体系の場合は，（Ⅰ.4.9）式と（Ⅰ.4.10）式が成立しないで，（Ⅰ.4.6）'式だけが成立する。これを変形すると，次の式のように表わされる。

$$X_1 - C_1 + p(X_2 - C_2) = 0$$

小国の仮定のもとでは，交易条件は外生的に所与の値 p_0 であるため，上の式は次のように表わされる。

$$X_1 - C_1 + p_0(X_2 - C_2) = 0$$

すなわち，第 1 財が輸出財である （$X_1 > C_1$） とき，第 2 財は輸入財であり （$X_2 < C_2$），第 1 財が輸入財である （$X_1 < C_1$） とき，第 2 財は輸出財であり （$X_2 > C_2$） である。同時に，一定期間での輸出額と輸入額は等しいことが説明される。

交易条件を p_0 として，それぞれの財の需要量は所得の関数であるとすると，次の（Ⅰ.4.11）式の条件を満たす第 i 財は輸出財として定義される。

$$C_i(p_0, wL + rK) - X_i(p_0) < 0 \quad (i = 1, 2) \qquad (Ⅰ.4.11)$$

また，次の（1.4.12）式の条件を満たす第 j 財は輸入財として定義される。

$$C_j(p_0, wL + rK) - X_j(p_0) > 0 \quad (i = 1, 2) \qquad (Ⅰ.4.12)$$

2　ヘクシャー＝オリーンの定理

2.1　開放経済と小国の仮定

この経済の規模は，世界経済の規模に対して小さな経済であり，世界市場におけるこの経済の影響力が無視できる程度であると仮定する。すなわち，この経済が貿易を行なう財の相対価格は世界市場において決定され，この経済の経済活動水準からは独立であるとする「小国の仮定」を採用する。

【交易条件－小国の仮定】　　　$p = p_0 = \dfrac{P_2}{P_1}$ 　　　　　　　　（Ⅰ.4.13）

この「小国の仮定」のもとでは，交易条件 $p(=\dfrac{p_2}{p_1})$ [注3] は海外市場において決定され，この経済にとっては外生的に所与で一定の値 p_0 であるため，それぞれの財の国内市場だけでは，需給均衡条件が常には成立しないことになる。

2.2　ヘクシャー＝オリーンの定理

ヘクシャー＝オリーンの定理の意味を考えるために，労働の質も資本ストックの内容も全く同質であり，生産技術と嗜好状態は全く同質である 2 つの経済について考える。

2国2財のケースを考えるために図Ⅰ.4.1において横軸に労働賦存量（L），縦軸に資本賦存量（K）をとり，左下の O_1 を資本豊富国（K国）と労働豊富国（L国）の第1財の原点，右上の O_2^K をK国の第2財の原点，O_2^L をL国の第2財の原点とする。

資本ストック豊富国（K国）と労働資源豊富国（L国）とを比較して考える（$k_K > k_L$）。ここで，第1財産業は労働集約的産業であり，第2財産業は資本集約的産業である（$k_1 < k_2$）と仮定する。

小国の仮定より交易条件は一定（p_0）であり，それ故に要素価格比率（$\omega = \dfrac{w}{r} = \dfrac{W}{R}$）が一定 ω_0 であることから，各産業の資本労働比率（資本集約度，労働の資本装備率）が一定の値で決定されている（$k_1 = k_1^0, k_2 = k_2^0$）経済について考える。図Ⅰ.4.1の k_1^0 は第1産業の拡張経路を，k_2^0 線は第2産業の拡張経路を表わしている。それぞれの産業の生産条件を満たす拡張経路の交点を点A（K国）と点B（L国）とすると，点Aは資本豊富国の産業構造を示しており，点Bは労働豊富国の産業構造を示している。

すなわち，K国においては資本集約的な産業のウェイトが大きく，労働集約的な産業のウェイトが小さいことが分かる。逆に，L国においては資本集約

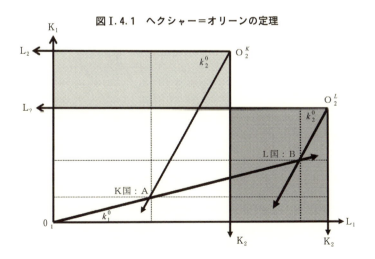

図Ⅰ.4.1　ヘクシャー＝オリーンの定理

的な産業のウェイトが小さく，労働集約的な産業のウェイトが大きいことが分かるのである。

2つの経済において消費構造が同一であるならば，より生産量が多い財を輸出し，より生産量が少ない財を輸入すると考えることができることから，資本豊富国は資本集約的な財をより多く生産し，輸出する傾向があることが説明される。また，労働豊富国は労働集約的な財をより多く生産し，輸出する傾向があることが説明される。すなわち，「各国は国内に比較的豊富に存在する生産要素を集約的に使用する産業に比較優位を持つ」という，ヘクシャー＝オリーンの定理が説明されるのである。

《リプチンスキーの定理》

図Ⅰ.4.1を利用して「リプチンスキーの定理」を説明することができる。

「リプチンスキーの定理」とは「一方の生産要素の賦存量が一定不変のもとで，もう一方の要素賦存量が増加するとき，生産物の相対価格が所与で一定であれば，存在量の変化しない生産要素を集約的に使用する産業の産出量は絶対的に減少する。」ということである。

図Ⅰ.4.1a は，経済全体において労働賦存量が増加した場合の産業間の資源配分と生産量の変化を示したものである。ここでは，第2産業の資本集約度

図Ⅰ.4.1a　リプチンスキーの定理：労働が増加するケース

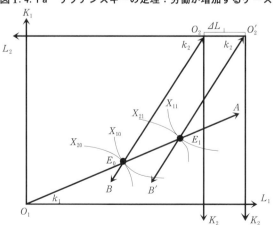

が第1産業の資本集約度よりも高い（$k_1 < k_2$）場合を想定する。

経済全体の労働賦存量の増加（ΔL）によって，左下の原点は O_1 のままで，右上の原点は O_2 から O_2' に平行に右横に移動する。要素価格が不変であるため，両産業の技術は一定不変である。第2産業の技術状態を示す O_2B 線は右方に（ΔL）だけシフトし，$O_2'B$ 線に移動する。傾きは k_2 で一定不変であるため，この経済の最適資源配分点は E_0 から E_1 へと移動する。第1産業の生産量が $X_{10}(=O_1E_0)$ から $X_{11}(=O_1E_1)$ へと増加することから，生産量の増加を反映して雇用量と資本量も増加する。

このとき，第2産業の生産量が $X_{20}(=O_2E_0)$ から $X_{21}(=O_2'E_1)$ へと減少することから，生産量の減少を反映して雇用量と資本量も減少する。

このように，経済全体で労働賦存量が増加すると，第2産業の資本集約度が第1産業の資本集約度よりも高いときには，第1産業の雇用量，資本量投入量，生産量は増加し，第2産業の雇用量，資本量投入量，生産量は減少することが説明される。

2.3　ヘクシャー＝オリーンの貿易理論の図解

貿易利益については，企業や家計による個々の貿易利益とそれらの経済活動全体の貿易利益とに区別されなければならない。貿易に携わる個々人にとっては私的な貿易利益が発生することを国際貿易の誘因として個々の貿易活動が行なわれる。すなわち，経済全体にとって1つの意思や目的があるわけではなく，このような個々の国際貿易の総体として経済全体の貿易利益が説明されるのである。

国際間において，このような貿易利益が発生する原因は，国際間の相対価格の差異である。国際間の相対価格の差異が発生する原因には，貿易国相互間の「需要側面の相違」と「供給側面の相違」がある。国際貿易の理論において，「需要側面の相違」を強調した「純粋交換の理論」と「供給側面の相違」を強調した「比較優位の理論」の2つのアプローチがある[注4]。

この需要面と供給面の両アプローチを一般均衡体系モデルとして完成させた

のが，現代貿易理論の基礎である「ヘクシャー＝オリーンの貿易理論」（H.O.T.）である[注5]。

(1) 生産可能性曲線と交易条件

小国の仮定から，この経済は世界市場から与えられる所与の交易条件に対応して各企業・各産業の合理的な経済活動の結果として，この経済の産業構造が決定されることが説明される。すなわち，図 I.4.2 において，$p_A(=\frac{X_2^A}{X_1^A})$ と $p_B(=\frac{X_2^B}{X_1^B})$, $p_C(=\frac{X_2^C}{X_1^C})$ をそれぞれ所与の交易条件であるとすると，この経済はそれぞれの交易条件に対応して，2つの産業の生産量の組み合わせと資源配分を効率的にしながら，企業の合理的行動に従って，変化させることが説明されるのである。

すなわち，交易条件が p_A のとき，この経済の2つの産業の生産量は (X_1^A, X_2^A) で決定され，図 I.4.2 の点 A によって説明される。交易条件が第1財にとって有利となる p_B のときは点 B で説明され，第1財の生産量は増加し，第2財の生産量は減少して，生産量の組み合わせは (X_1^B, X_2^B) で決定される。

図 I.4.2 生産可能性曲線

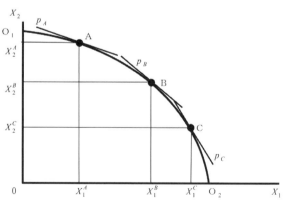

交易条件がさらに第1財に有利となる p_C のときは，点Cにおいて説明され，生産量は (X_1^C, X_2^C) で決定されるのである。この関係から，交易条件が有利化した財の生産量は増加し，交易条件が不利化した財の生産量は減少することが説明されるのである。

(2) ヘクシャー＝オリーンの貿易理論

「比較生産費説」によれば，貿易開始以前の閉鎖経済において決定される各財の相対価格が二国間において異なっていれば，国際貿易は互いに相対的に低い国内価格の財を輸出し，相対的に高い国内価格の財を輸入するように決定される。貿易開始以前において二国間の相対価格が等しければ，国際貿易は行なわれないと説明される。

すなわち，国際貿易が行なわれるためには，互いの国の相対価格が異なることが必要であり，そのためには，生産関数，需要関数，生産要素の賦存量のうちの少なくとも1つ以上の要因に差異がなければならないのである。ヘクシャー＝オリーンの貿易理論においては，それぞれの産業の生産技術や人々の嗜好については差異がなく，生産関数と需要関数も同質であると仮定する。すなわち，生産要素の賦存量についてのみ二国間に差がある場合について，国際貿易の構造がどのように決定されるかを考えるのが，ヘクシャー＝オリーンの貿易理論である。

「ヘクシャー＝オリーンの定理」は，「各国は相対的に豊富に存在する生産要素をより集約的に使用する財を輸出し，相対的に希少な生産要素をより集約的に使用する財を輸入する」と説明することができるのである。

① 第1財が輸入財・第2財が輸出財のケース

図 I.4.3 において，交易条件が $p_1 (= \frac{X_2}{X_1})$ のとき，この経済の生産点はこの経済の生産可能性曲線と交易条件線とが接する点 Q_1 であり，消費点は，この経済の社会的無差別曲線 U_1 と交易条件線 C が接する点 C_1 で表わされる。

図 I.4.3 第1財が輸入財・第2財が輸出財のケース

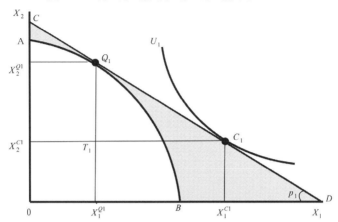

ここで，交易条件線 C は，この経済の予算制約条件線を表わしている。この場合，第1産業の財が T_1C_1 の幅（$= X_1^{Q1} X_1^{C1}$）だけ輸入され，第2産業の財が Q_1T_1 の幅（$= X_2^{Q1} X_2^{C1}$）だけ輸出されることが分かる。この三角形 $Q_1T_1C_1$ は，貿易三角形と呼ばれる。

ここで，第1産業のほうが第2産業よりも資本集約的な産業であるならば（$k_1 > k_2$），この経済は労働集約的な第2産業の財を輸出していることから，「ヘクシャー＝オリーンの定理」から，この経済は労働豊富国であることが分かる。逆に，第1産業のほうが第2産業よりも労働集約的な産業であるならば（$k_1 < k_2$），この経済は資本集約的な第2産業の財を輸出していることから資本豊富国であることが分かる。

② 第1財が輸出財・第2財が輸入財のケース

図 I.4.4 において，交易条件が $p_2 (= \frac{X_2'}{X_1'})$ のとき，この経済の生産点はこの経済の生産可能性曲線と交易条件線とが接する点 Q_2 であり，この経済の消費点は，この経済の社会的無差別曲線 U_2 と交易条件線 C' が接する点 C_2 で表わされる。この場合第1産業の財が Q_2T_2 の幅（$= X_1^{C2} X_1^{Q2}$）だけ輸出され，

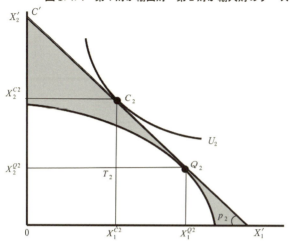

図 I.4.4　第1財が輸出財・第2財が輸入財のケース

第2産業の財が T_2C_2 の幅だけ（$= X_2^{C2} X_2^{Q2}$）輸入される。この三角形 $Q_2T_2C_2$ は，貿易三角形と呼ばれる。

　ここで，第1産業のほうが第2産業よりも資本集約的な産業であるならば（$k_1>k_2$），この経済は資本集約的な第1産業の財を輸出していることから，「ヘクシャー＝オリーンの定理」から，この経済は資本豊富国であることが分かる。逆に，第1産業のほうが第2産業よりも労働集約的な産業であるならば（$k_1<k_2$），この経済は労働集約的な第1産業の財を輸出していることから労働豊富国であることが分かる。

　すなわち，k を自国の要素賦存比率，k^* を貿易相手国の要素賦存比率とすると，「ヘクシャー＝オリーンの定理」は，次の2つのケースとして説明される。すなわち，自国の経済において資本が相対的に豊富に存在する経済である場合，すなわち，$k>k^*$ の場合は，資本集約的な財を輸出し，労働集約的な財を輸入することになるのである。また，自国の経済において労働が相対的に豊富に存在する経済である場合，すなわち，$k<k^*$ の場合は，労働集約的な財を輸出し資本集約的な財を輸入することになるのである。

③ ヘクシャー＝オリーンの定理の意味

以上の説明から，「ヘクシャー＝オリーンの定理」とは，次のようなものであることが説明される。すなわち，世界市場において決定される交易条件 p を一定所与として受け入れる小国経済は，国内の生産要素賦存条件に従って，それぞれの生産要素市場において完全競争状態によって決定される労働の完全雇用と資本の完全利用状態が実現する。このような生産物市場の均衡条件によって，それぞれの企業の利潤極大条件を満たす国内産業の生産構造とそれぞれの消費者の効用極大条件を満たす消費構造が決定されることになる。そのためには，国内の過剰生産物が輸出され，それらとの交換によって，国内において不足する財が国際市場において輸入される国際貿易が自由に行なわれることによって，社会的にもっとも効用極大な点を実現することができると説明されるのである。

このような国際貿易の利益は，図Ⅰ.4.4を利用して説明することができる。すなわち，交易条件線で囲まれる三角形 OCD の内部の領域は，この経済の資源を最大限効率よく配分した時に達成される生産フロンティア・カーブの内側の領域よりもより広い領域を表わしている。このことは，国際貿易によって，この経済は国内の生産能力以上の消費の可能性を導き出すことができることを説明しているのである。

④ ストルパー＝サミュエルソンの定理

「ストルパー＝サミュエルソンの定理」とは，「輸入財に関税をかけることにより輸入競争財産業により集約的に使用されている生産要素の価格は上昇し，他の生産要素の価格は下落する」というものである。

ここで，第1財を輸出財，第2財を輸入財であるとする。このとき，自国の交易条件は，$p=\dfrac{P_2}{P_1}$ と定義される。いま，自国が輸入する第2財に輸入関税（τ）をかけた時，自国の生産要素市場において要素価格（r, w）はどのように変化するかを考える。

第4章 ヘクシャー＝オリーンの定理

2つの財市場はそれぞれ完全競争的であり，それぞれの産業の生産関数は一次同次関数であると仮定する。すなわち，各財の価格は1単位当たりの生産費用と等しいとすることができる（オイラーの定理）ことから，次の関係式が成立する。

$P_1 X_1 = wL_1 + rK_1$

$P_2 X_2 = wL_2 + rK_2$

この式を資本集約度 k を使って表わすと以下のような直線 AB と直線 CD の2つの式で表わされる。

【直線 AB】 $\qquad w = -rk_1 + \dfrac{1}{a_{L1}}$

【直線 CD】 $\qquad w = -rk_2 + \dfrac{p}{a_{L2}}$

ここで，$a_{Li} = \dfrac{L_i}{X_i}$ は i 財を1単位生産するのに必要な必要労働係数，$a_{Ki} = \dfrac{K_i}{X_i}$ は i 財を1単位生産するのに必要な必要資本係数である。

交易条件と要素価格比率との関係において，第1産業の資本集約度が第2産業の資本集約度よりも高い（$k_1 > k_2$）場合には，図 I.4.5図のように表わされる。

縦軸に賃金率 w，横軸に資本のレンタル・プライス r をとる。労働集約的な第2財に関税率（τ）をかけることにより，自国の交易条件は p から p' へと変化する。

$$p = \frac{P_2}{P_1} \quad \Rightarrow \quad p' = \frac{(1+\tau)P_2}{P_1}$$

交易条件が変化する前の第1財の価格線を直線 AB，第2財の価格線を直線 CD とし，それぞれの要素価格の最初の均衡条件を $E_0(r_0, w_0)$ 点とする。交易条件の変化によって，第2財の価格線は C'D' へと変化し，均衡条件は，$E_1(r_1, w_1)$ 点となる。

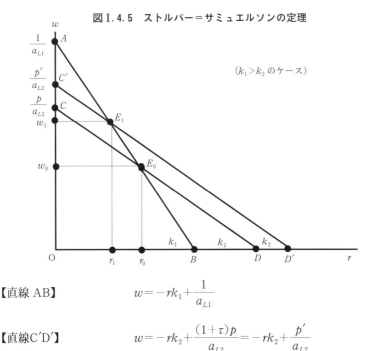

図Ⅰ.4.5 ストルパー＝サミュエルソンの定理

【直線 AB】 $w = -rk_1 + \dfrac{1}{a_{L1}}$

【直線C′D′】 $w = -rk_2 + \dfrac{(1+\tau)p}{a_{L2}} = -rk_2 + \dfrac{p'}{a_{L2}}$

　すなわち，労働集約的な第2財の価格が上昇することによって，実質賃金率は w_0 から w_1 へと上昇し，資本の実質レンタル・プライスは r_0 から r_1 へと下落するのである。

　このように，輸入財である第2財の価格上昇は，第2財に集約的に使用されている労働の実質賃金を上昇させ，第1財に集約的に使用されている資本の実質レンタル・プライスを下落させることになるのである。

3　現代貿易理論の考え方

　国際貿易とは，国境を越えた財・サービスの取引である。しかし，それぞれの経済においては，それぞれの国家権力のもとで異なった通貨のもとでそれぞれが1つの通貨圏を構成しているのである。国際貿易において財・サービスの

取引が国境を越えるという意味は，通貨を異にする経済間の取引であるという意味なのである。

　ここに，国際貿易の議論を行なう際に付きまとう問題が国際間の決済問題である。「比較優位の理論」を前提とした国際貿易理論を議論するためには，国際決済問題が国際貿易の状態に影響を与えないという意味で，貿易収支の均衡を前提にする必要があるのである。すなわち，国際貿易の理論においては，このような貨幣的現象については，異なった経済間の，異なった通貨間の決済問題については分析を行なわないのである。そのためには，国際貿易が行なわれる際にはどちらかの国において，その国の通貨によって過不足なく取引が行なわれ，結果として，決済問題が生じないという立場で等価交換が行なわれると想定することが必要となるのである。

　このことは，実際の経済においては，国際間の共通の決済手段としての金や銀の支払制度，あるいは国際間の決済をスムーズに行なうための国際的決済システムが構築されていることを前提とする必要があるのである。

　このような国際決済システムが有効に機能していることを前提として，財・サービスの取引の結果として生ずる通貨間の決済問題は一時的な問題として考えることによって，「絶対優位の理論」を前提とする国際貿易理論が議論されるのである。しかし，前節でみたように，このような「絶対優位の理論」に基づいて国際貿易を考えることは，「比較優位の理論」とは異なった議論を行なっていることに注意しなければならないのである。

[注]
(1) 資本ストックに一定の最適稼働率を乗じて，一定期間内のフロー量の単位としてその大きさを考える。
(2) αの大きさは，その経済の嗜好状態を反映した効用関数から導出される。
(3) このように交易条件を定義すると，第1財が輸入財であり，第2財が輸出財であると定義していることになる。しかし，本章では説明の便宜上，第1財をニューメレール（価値尺度財）にしているが，輸出財と輸入財の定義は固定していない。
(4) 国家間（経済間）の「需要側面の相違」，すなわち，嗜好の差異によって生じる需

要構造の差異によって交易条件が異なることを利用して貿易の利益が発生するという側面を強調するのが，「純粋交換の理論」である。これに対して，リカードの「比較生産費説」は，産業間の生産性格差が国家間によって異なることから，それぞれの国の交易条件が異なり，それ故に，国際貿易が行なわれることによって，貿易利益が発生するという「供給側面の相違」を強調した国際貿易理論を展開した。

(5) この理論の派生として，「ストルパー＝サミュエルソンの定理」や「リプチンスキーの定理」が説明される。

第 5 章

TPPと日本経済
－EPA・FTA・TPPによって農業部門は衰退するのか－

1 TPP（Trans－Pacific Partnership（注1），環太平洋パートナーシップ）

　環太平洋パートナーシップ（TPP：Trans－Pacific Partnership）とはアジア太平洋経済協力会議（APEC）加盟国を中心に，すべての物品の関税を原則撤廃する経済連携協定（EPA）である。2006年にシンガポール，ニュージーランド，チリ，ブルネイ4カ国による協定が発効しており，2015年10月に12ヶ国（シンガポール，ニュージーランド，チリ，ブルネイ，オーストラリア，カナダ，マレーシア，メキシコ，ペルー，ベトナム，米国，日本）で大筋合意に達した。

　農産品や工業製品のほか金融サービスなど21分野で自由化を進め，原則各国間貿易の全品目の関税を撤廃することになっているが，詳細が未定な項目もあり，各国と連携しつつ，2年以内の協定の早期署名・発効を目指している。

　表I.5.1はTPPの主な合意内容と日本企業への影響についてまとめたものである。

　特に農林水産業界が自由化に反対していた重要5品目（コメ，麦，牛肉・豚肉，乳製品，サトウキビなど甘味資源作物）については関税撤廃率が約3割にとどまったが，それ以外の農林水産物については8割以上の関税撤廃率となるため，食品メーカーや外食産業，消費者においては価格低下による恩恵を受けると考えられるが，その一方で農家や畜産業者など生産者に対する悪影響が懸念される。また，日本の主力産業である自動車については，米国での関税が現行でも2.5％と非常に低い水準であるため，関税が撤廃されても自動車の輸出量が急増する可能性は低いと考えられる。自動車部品については，関税撤廃の

表 I.5.1 TPP の主な合意内容

分野		合意内容	日本への影響
農業・畜産	米	米国・豪州からの米の輸入枠を現行の 5.6 万 t から 7 万 t に拡大 米国・豪州に米の無税輸入枠を新設	当面は急激な米の輸入増は考えにくい
	牛肉	関税率を現行の 38.5% から 27.5% に引き下げ その後は段階的に引き下げ，16 年目以降は 9%	外食産業や食品メーカー，消費者にとっては価格低下による消費増が期待。ブランド牛以外の畜産に関しては縮小する懸念
	豚肉	差額関税制度は維持。低価格帯の豚肉の従量税を 1 kg あたり現行の 482 円から 10 年目に 50 円に引き下げ 高価格帯の従価税については 10 年目に撤廃（現行は 4.3%）	外食産業や食品メーカー，消費者にとっては価格低下による消費増が期待。養豚業者に関してダメージは避けられない
自動車	自動車	米国での関税（現行 2.5%）を 15 年目から削減し，10 年かけて撤廃，カナダは関税（現行 65%）を 5 年かけてゼロに。ベトナムは 3000 cc 超の関税（現行 70%）を 10 年かけて撤廃	大幅な輸出増になるとは考えられないが，部品輸出については関税がゼロとなるため輸出増加が期待される
	自動車の原産地規制	原則，55% 以上の部品を域内から調達する	当初，日本側は 40% 台を要求していた。TPP に加盟していない国に工場を持つ自動車メーカーにとってメリットは少ない
サービス	投資	金融，小売業界において規制緩和 外資参入が可能	海外への進出が容易になる。規制緩和の時期は未定
	政府調達	マレーシア，ブルネイ，ベトナムが日本企業の参入を国際約束	日本からのインフラ投資は拡大。しかし，同時に海外からの国内インフラ参入拡大に対して雇用や安全性に懸念
知的財産	医薬品	バイオ薬品に対するデータの保護期間が 8 年に統一化	日本は現行の 8 年のままのため，特に大きな影響はない
	著作権保護	著作権の保護期間が 50 年から 70 年に延長 非親告罪（権利者が告訴しなくても海賊版などの違法コピーに対する刑事処罰をする）が認められる，法定賠償制度も設置	これからのルール作りが重要 権利の行使に関して乱用が懸念される

出所：各省庁ホームページより抜粋・加工。

影響で米国向けの部品輸出は増えると期待されるが，TPP に加盟していないタイやインドネシアなどに工場の拠点を持つ日系のメーカーにとって恩恵はさほど期待されないと考えられる。それ以外の項目についても経済効果については未知数な部分が多くなっている。

わが国においては，菅首相（当時）が 2010 年 11 月に横浜で開催されたアジア太平洋経済協力会議（APEC）首脳会議で TPP 参加に前向きな姿勢を打ち出そうと模索した。しかしながら，農業界を中心とした第一次産業からの強力な反対もあり，政府内でも見解が分かれ，国民世論でも賛否両論に分かれる中で結論を出すことができず，結局，APEC では積極的な合意には至らなかったのである。その背景としては，TPP 締結による経済効果が各省庁間でバラバラであるという点が挙げられる。内閣府では，TPP に日本が参加した場合，実質国内総生産（GDP）を 2.4〜3.2 兆円，伸び率で 0.48〜0.65％押し上げる効果があるとの試算を公表しているが，農林水産省や経済産業省では，それぞれ全く異なる経済効果を計算しているのである。（表 I.5.2 参照）

表 I.5.2　政府試算による TPP の経済効果

	影響額	雇用	前提条件
内閣府	TPP 参加なら GDP 2.4〜3.2 兆円増加（現在）		TPP で 100％関税撤廃
農水省	TPP 参加なら GDP 11.6 兆円損失（現在）	340 万人減	全世界を対象にすべての関税撤廃
経産省	TPP 不参加なら GDP 10.5 兆円減（2020 年時点）	81.2 万人減	日本は現状維持，韓国が米・中・EU と FTA 締結

出所：各省庁ホームページより抜粋・引用。

2 TPP締結による農業部門への影響（ストルパー＝サミュエルソンの定理による説明）

以下では，TPP締結による輸入関税撤廃により，日本国内のすべての産業（第一次・第二次・第三次産業）に及ぼす影響についてリプチンスキーの定理やストルパー＝サミュエルソンの定理を利用して説明を行なう。

国際貿易理論においては，国内には2つの産業部門（資本集約的な産業と労働集約的な産業）が存在し，それぞれの部門で資本と労働という2つの生産要素を使用することによって2財を生産するという，2部門モデル（2生産要素－2財モデル）で分析を行なっている。

しかしながら，本章においては国内の産業を第一次産業（農業），第二次産業（工業），第三次産業（サービス業）の3部門に分け，さらに第一次産業においては，専業農家と兼業農家に分けて分析を行なう。生産要素については資本と労働だけでなく土地も考慮して分析を行なう。

TPP締結に対して国内では賛否両論が存在し，特に農業界は強い反対の立場を示している。しかしながら，全農家の4分の3以上を占めている兼業農家を専業化することによって農業部門を効率化することで，余剰な生産要素が発生し，第二次産業と第三次産業に配分することができるのである。

この場合にそれぞれの産業にどのような影響が及ぶのかについて分析を行なう。特に，第一次産業（農業）では，日本の第一次産業（農業）の進路を示す3つの可能性について言及する。

2.1 基本モデル
《各産業の生産関数》

$$X_A = X_A^S + X_A^K = F_A(L_A,\ K_A,\ N_A) \tag{I.5.1}$$

$$X_I = F_I(L_I,\ K_I,\ ) \tag{I.5.2}$$

$$X_S = F_S(L_S,\ K_S) \tag{I.5.3}$$

《生産要素市場の均衡条件》

(労働市場) $L = L_A + L_I + L_S = (L_A^S + L_A^K) + L_I + L_S$ （Ⅰ.5.4）

(資本市場) $K = K_A + K_I + K_S = (K_A^S + K_A^K) K_I + K_S$ （Ⅰ.5.5）

(土地の制約条件) $N = N_A$　　$\dfrac{K_A}{N_A} = \text{const.}$ （Ⅰ.5.6）

ここで，X_i（$i=A, I, S$）は各産業（A は農業部門，I は工業部門，S はサービス部門）の生産量，L_i（$i=A, I, S$）は各産業の労働者数，K_i（$i=A, I, S$）は各産業の資本量である。また，農業部門の生産量 X_{Ai} は，専業農家の生産量 X_A^S と兼業農家の生産量 X_A^K の合計となっている。さらに，土地 N は農地（N_A）とし，農地一単位に投下される資本量（K_A）は一定 $\dfrac{K_A}{N_A} = \text{const.}$ であるとする。

以下では，まず TPP 締結によって関税が撤廃された場合に工業部門と農業部門に与える影響についてストルパー＝サミュエルソンの定理を使って2部門モデル（2生産要素－2財モデル）で説明を行なう。ここでは，労働集約的な産業を農業部門とし，資本集約的な産業を工業部門とする。

リカードの比較生産費説に基づき，「ヘクシャー＝オリーンの定理」から「各国は相対的に豊富に存在する生産要素をより集約的に使用する財を輸出し，総対的に希少な生産要素をより集約的に使用する財を輸入する」として議論を行なう。したがって，要素賦存量の相違によって相対的に貿易構造が決定されるのである。日本のような先進国は一般に資本豊富国であるとされ，資本集約的な財である工業製品を輸出し，労働集約的な農産物（一次産品）を輸入すると説明される。

「輸入財に関税をかけることによって，輸入財産業により集約的に使用されている生産要素の価格は上昇し，他の生産要素の価格は下落する。」と言う，「ストルパー＝サミュエルソンの定理[注2]」に基づくと，資本集約国である日本の場合，TPP 締結による関税撤廃が実施されれば，レンタル・プライス（r）は上昇し，賃金率（w）は下落する。したがって，輸出財である工業部門の生

産量は拡大し，輸入財である農産部門の生産量は減少することになるのである。この結論は，農業界がTPP参加に対して猛反対の立場を取る根拠となっているのである。

以下では，「ストルパー＝サミュエルソンの定理」に基づく関税撤廃による国内産業部門への影響について説明を行なう。

2.2 関税撤廃による国内産業部門への影響
《ストルパー＝サミュエルソンの定理の定式化》

国内の産業を農業部門（A）と工業部門（I）の2部門とし，資本（K）と労働（L）の2種類の完全競争市場の下での農業部門と工業部門の各財（X_i, $i=A, I$）の価格をそれぞれP_A, P_Iとすると以下のように表わされる。

$$P_A = a_{LA}W + a_{kA}R \tag{I.5.7}$$
$$P_I = a_{LI}W + a_{KI}R \tag{I.5.8}$$

ここで$a_{Li}(=\frac{L_i}{X_i}, i=A, I)$は$i$番目の産業の必要労働比率，$a_{Ki}(=\frac{K_i}{X_i}, i=A, I)$は$i$番目の産業の必要資本比率労働量，$W$は名目賃金率，$R$は名目レンタル・プライスである。（I.5.7），（I.5.8）式の連立方程式体系として行列表示すると，（I.5.9）のように表わされる。

$$\begin{bmatrix} p \\ 1 \end{bmatrix} = \begin{bmatrix} a_{LA} & a_{KA} \\ a_{LI} & a_{KI} \end{bmatrix} \begin{bmatrix} w \\ r \end{bmatrix} \tag{I.5.9}$$

この（I.5.9）式を解くことによって，実質賃金率$w=\frac{W}{P_I}$と実質レンタル・プライス$r=\frac{R}{P_I}$が（I.5.10）式のように決定される。

$$\begin{bmatrix} w \\ r \end{bmatrix} = \begin{bmatrix} a_{LA} & a_{KA} \\ a_{LI} & a_{KI} \end{bmatrix}^{-1} \begin{bmatrix} p \\ 1 \end{bmatrix}$$

$$\begin{bmatrix} w \\ r \end{bmatrix} = \frac{1}{a_{KI}a_{LA} - a_{KA}a_{LI}} \begin{bmatrix} a_{KI} & -a_{KA} \\ -a_{LI} & a_{LA} \end{bmatrix} \begin{bmatrix} p \\ 1 \end{bmatrix}$$

$$w = \frac{a_{KI}p - a_{KA}}{a_{KI}a_{LA} - a_{KA}a_{LI}}, \quad r = \frac{-a_{LI}p + a_{LA}}{a_{KI}a_{LA} - a_{KA}a_{LI}} \tag{I.5.10}$$

ここで,$p = \frac{P_A}{P_I}$ は工業生産物をニューメレールとした交易条件である。

《交易条件の変化による影響》

次に輸入関税の変化による相対価格の変化が要素価格比率に及ぼす影響については,(I.5.11),(I.5.12)式のように表わされる。

$$\begin{bmatrix} dw \\ dr \end{bmatrix} = \frac{1}{a_{KI}a_{LA} - a_{KA}a_{LI}} \begin{bmatrix} a_{KI} & -a_{KA} \\ -a_{LI} & a_{LA} \end{bmatrix} \begin{bmatrix} dp \\ 0 \end{bmatrix}$$

$$\frac{dw}{dp} = \frac{a_{KI}}{a_{KI}a_{LA} - a_{KA}a_{LI}} \overset{<}{\underset{>}{}} 0 \quad \text{as} \quad k_A - k_I \overset{>}{\underset{<}{}} 0 \tag{I.5.11}$$

$$\frac{dr}{dp} = \frac{-a_{LI}}{a_{KI}a_{LA} - a_{KA}a_{LI}} \overset{>}{\underset{<}{}} 0 \quad \text{as} \quad k_A - k_I \overset{>}{\underset{<}{}} 0 \tag{I.5.12}$$

ここで,$k_i = \frac{K_i}{L_i} = \frac{a_{Ki}}{a_{Li}}$ は資本集約度である。

農業部門は労働集約的であり,工業部門は資本集約的であると仮定しているため,$k_A - k_I < 0$ である。したがって,(I.5.11),(I.5.12)式の符号は以下のように決定される。

$$\frac{dw}{dp} = \frac{a_{KI}}{a_{KI}a_{LA} - a_{KA}a_{LI}} > 0 \quad \text{as} \quad k_A - k_I < 0 \tag{I.5.13}$$

$$\frac{dr}{dp} = \frac{-a_{LI}}{a_{KI}a_{LA} - a_{KA}a_{LI}} < 0 \quad \text{as} \quad k_A - k_I < 0 \tag{I.5.14}$$

輸入財である農産物に対して関税(τ)がかけられている場合の相対価格を $p_0 = \frac{(1+\tau)P_A}{P_I}$ とすると,TPPの実施によって農産物に対する輸入関税が撤廃された場合の相対価格は $p' = \frac{P_A}{P_I}$ になるため,相対価格(p)は下落することになる。(I.5.13),(I.5.14)式から明らかなように,相対価格(p)の下落によって賃金wは下落し,レンタル・プライスrは上昇する。したがって,

要素価格比率（$\omega=\dfrac{w}{r}$）は下落し，それぞれの産業に配分される労働就業率も工業部門では増加（$\lambda_{10} \to \lambda'_1$）し，農業部門では減少（$\lambda_{A0} \to \lambda'_A$）するのである。このように，ストルパー＝サミュエルソンの定理に基づくと，関税撤廃によって輸出産業である工業部門の生産量は拡大するが，輸入産業である農業部門の生産量は縮小するのである。以上のことは図Ⅰ.5.1によって示される。

図Ⅰ.5.1から明らかなように，輸入財である農産物に対して関税がかけられている場合の相対価格を $p_0=\dfrac{(1+\tau)P_A}{P_I}$ とすると，要素価格比率は ω_0，自国の資源配分点（生産点）は E_0 となり，工業部門への就業（労働配分）比率は λ_{10}，農業部門への就業（労働配分）比率は λ_{A0} で表される。

TPPの実施によって輸入関税が撤廃された場合には，相対価格は $P'=\dfrac{P_A}{P_I}$ となり，要素価格比率は ω'，自国の資源配分点（生産点）は E' となり，工業部門への就業（労働配分）比率は λ'_I，農業部門への就業（労働配分）比率は λ'_A で表される。関税がある場合とない場合では，輸出財である工業部門への労働配分と生産量が増え，輸入財である農業部門への労働配分と生産量（農産物）が減少する。したがって，TPPの実施によって労働集約的な農林水産部

図Ⅰ.5.1　ストルパー＝サミュエルソンの定理

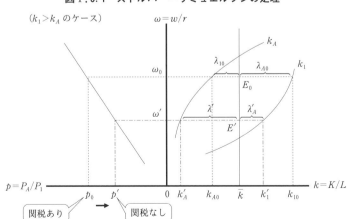

門(第一次産業)では壊滅的なマイナス効果を生じると懸念され,農業界がTPP参加に対して猛反対の立場を取る根拠となっているのである。

従来の貿易理論では,リカードの比較生産費説に基づいて相対的に資本集約的な産業と相対的に労働集約的な産業の2つの産業が存在し,2国間の要素賦存量の違いによって貿易構造が決定するという2部門による分析(ヘクシャー=オリーンの定理)で説明される。そのため,リプチンスキーの定理からも明らかなように相対価格の変化によって,どちらかの産業(部門)がプラス効果(拡大)し,もう一方の産業(部門)がマイナス効果(縮小)するという結果になってしまうのである。

しかしながら,TPPが実施され輸入関税が撤廃されたとしても,労働集約的な農業部門(第一次産業)が専業化を推進するという効率性を高めることによって生産性を上昇させた場合に,そのことが農業部門(第一次産業)だけでなく,工業部門(第二次産業)やサービス部門(第三次産業)に対して及ぼす影響について考察する必要があると思われる。

3 3部門(第一次・第二次・第三次産業)に及ぼす影響について

3.1 2つの農業部門(専業農家と兼業農家)による分析

2.においては,「ストルパー=サミュエルソンの定理」に基づいてTPP締結による関税撤廃が実施されれば,資本集約国である日本の場合,輸出財である工業部門の生産量は拡大するが,輸入財である農産部門の生産量は減少することになるという説明を行なった。

従来の国際貿易理論においては,農業部門と工業部門という2部門モデルで分析を行なうが,日本の場合には農業部門は専業農家と兼業農家[注3]に分類され,近年の専業農家は全農家の4分の1以下となっている[注4]。現在,全農家の4分の3以上を示している兼業農家は,『農地という資産をもって,税制上で優遇され,相続税はゼロに近いほど優遇され,「主としてサラリーマン収入や年金などの農外収入で家計を支え,農家の平均収入は同世代の非農家を上回[注5]」

っている(注6)』ため,農作業時間を短縮するために専業農家に比べて単位面積当たり農作機械をより多く投入して生産を行なっている。そのため,兼業農家は専業農家よりもより資本集約的になっているのである。

このことは,表Ⅰ.5.3(注7)からも明らかである。表Ⅰ.5.3は経営規模別の米の生産費(2008年度)を費用項目別で示したものである。

すべての費用を考慮した全算入生産費は経営規模が大きくなるほど少なくなっている。兼業農家がほとんどを占める0.5 ha未満の物財費は,専業農家が多くの割合を占める15 ha以上と比較すると2倍以上となっている。このことから,経営規模の小さな兼業農家は経営規模の大きな専業農家と比較してより資本集約的であると判断することができる(注8)。

以上のことからも明らかなように,農業部門を従来の理論モデルのように1つの資本集約度を持つ部門として捉えるのではなく,専業農家と兼業農家という異なる資本集約度を持つ2つの農業部門として分析する必要があるのである。

表Ⅰ.5.3 経営規模別の米の生産費(2008年度)

(単位:円/60kg)

	全算入生産費	物財費,雇用労働費	支払利子・地代	家族労働費	副産物価額
平均	16,497	9,835	565	6,458	▲361
0.5ha 未満	25,294	14,857	58	10,750	▲371
0.5〜1.0	22,035	13,610	230	8,568	▲373
1.0〜2.0	17,636	10,559	290	7,159	▲372
2.0〜3.0	14,508	8,381	563	5,902	▲338
3.0〜5.0	13,294	7,742	878	5,034	▲360
5.0〜10.0	11,964	7,068	949	4,302	▲355
10.0〜15.0	11,130	6,490	990	4,017	▲367
15.0ha 以上	11,503	7,100	1,233	3,521	▲351

出所:農林水産省「米及び小麦の生産費」,「農林業コンセンサス」(2005年),(財)全国米穀取引・価格形成センター「コメ価格センター入札結果」。
注:1)物財費は,種苗,肥料,農薬などの流動財費と農機具等固定財の減価償却費の合計
　　2)全算入生産費=(物財費,雇用労働費)+(支払利子・地代)+家族労働費等-副産物価額
　　　家族労働費等は,家族労働費と自己資本利子・自作地地代
　　3)農家の割合は,2005年の数値

《リプチンスキーの定理の定式化》

- 2つの農業部門（労働集約的な専業農家と資本集約的な兼業農家）の場合

　農業部門内において異なる資本集約度を持つ専業農家と兼業農家に配分される資本と労働の割合は，リプチンスキーの定理を使って次のように表わすことができる。

　農業部門（A）を専業農家と兼業農家の2部門とし，完全競争市場のもとで農業部門全体に投下される資本（K_A）と労働（L_A），土地（N_A）[注9]の生産要素市場の均衡条件は以下のように表わされる。

$$K_A = K_A^S + K_A^K \qquad (\text{I}.5.15)$$

$$L_A = L_A^S + L_A^K \qquad (\text{I}.5.16)$$

$$N = N_A = N_A^S + N_A^K \qquad (\text{I}.5.17)$$

　一般に兼業農家は農作業を行う時間に対して投下する資本（機械）が専業農家と比べて多いと考えられるため，兼業農家は専業農家に対してより資本集約的であると考えることができるのである。したがって，専業農家，兼業農家，農業全体の資本集約度は以下の（I.5.18）式の関係で表わされる。

$$\frac{K_A^S}{L_A^S} < \frac{K_A}{L_A} < \frac{K_A^K}{L_A^K} \quad \Rightarrow \quad k_A^S < k_A < k_A^K \qquad (\text{I}.5.18)$$

　ここで，k_A^Sは専業農家の資本集約度，k_A^Kは兼業農家の資本集約度，k_Aは農業全体の資本集約度である。

　また，表I.5.3でも説明したように，兼業農家の耕作面積は0.5 ha未満が最も多く，専業農家は15 ha以上のように経営規模の大きな農家が多いことから，専業農家は兼業農家よりもより土地集約的であると考えることができるのである。したがって，専業農家，兼業農家，農業全体の労働に対する土地の耕作割合を土地集約度nとすると以下の（I.5.19）式の関係で表わされる。

$$\frac{N_A^K}{L_A^K} < \frac{N_A}{L_A} < \frac{N_A^S}{L_A^S} \quad \Rightarrow \quad n_K < n_A < n_S \qquad (\text{I}.5.19)$$

　ここで，n_Sは専業農家の土地集約度，n_Kは兼業農家の土地集約度，n_Aは農業全体の土地集約度である。

3.2　リプチンスキーの定理を使った2つの農業部門の説明

図Ⅰ.5.2は農業部門内において専業農家と兼業農家に配分される資本と労働，土地の配分および生産量を表したものである。

縦軸にそれぞれの農業部門に配分される土地と資本量，横軸にそれぞれの農業部門に配分される労働量をとると，均衡点はE_0点となり，専業農家に配分される労働量は$O_S L_S^0$，資本量は$O_S K_S^0$，土地は$O_S N_S^0$，生産量は$O_S E_0 (=X_S^0)$で表わされる。一方，兼業農家に配分される労働量は$O_K L_K^0$，資本量は$O_K K_K^0$，土地は$O_K N_K^0$，生産量は$O_K E_0 (=X_K^0)$で表わされる。

ここで，すべての農家を専業農家のみとする場合には，均衡点はE_1点となり，労働者数は$O_S L_S^1$，資本量は$O_S K_S^1$，土地は$O_S N$，生産量は$O_S E_1$で表わされる。したがって，専業農家と兼業農家が併存している場合と比較すると，すべて専業化した場合には農業部門がより効率的になり，図Ⅰ.5.2において$\triangle K_K$

図Ⅰ.5.2　農業部門をすべて専業化した場合

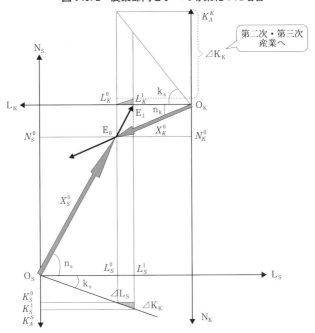

の分だけ資本が節約されることになるのである。この余った資本（$\varDelta K_K$）は農業以外の産業へ投入することが可能になるのである。

《すべて専業化した場合に生じる3つのケース》

　農業部門がすべて専業化した場合には，これまで兼業農家が生産していた生産量（X_K^0）はゼロとなり，専業農家の生産量が増加することになるが，この兼業農家が生産していた生産量の減少分と専業農家が生産する生産量の増加分のどちらが大きいかによって，農業部門だけでなく，工業部門（第二次産業）やサービス部門（第三次産業）に及ぼす影響が異なってくるのである。図Ⅰ.5.2において，農業部門がすべて専業農家になった場合の生産量の増加分（$\varDelta X_S^0$）は E_0E_1 の幅で表わされる。これに対して，兼業農家の生産量の減少分（$\varDelta X_K^0$）は $O_K E_0 (= X_K^0)$ で表わされる。この2つの生産量の変化の大小関係によって，以下の3つのケースが考えられる(注10)。

①兼業農家の生産量の減少分よりも専業農家の生産量の増加が大きい場合（$\varDelta X_K^0 < \varDelta X_S^0$）

　この場合には，国内の農産物の生産量が供給過剰となる。供給過剰となった分を輸出できれば，農業部門の効率化によって生じた余剰資本と余剰土地が第二次・第三次産業に配分されるが，輸出できない場合には，全員専業農家として従事することは不可能となり，一部の労働者が第二次・第三次産業に配分されることになる。

②兼業農家の生産量の減少分と専業農家の生産量の増加が等しい場合（$\varDelta X_K^0 = \varDelta X_S^0$）

　この場合には，農業部門の効率化によって生じた余剰資本と余剰土地および，余剰労働者が第二次・第三次産業に配分される。

③兼業農家の生産量の減少分よりも専業農家の生産量の増加が小さい場合 ($\Delta X_K^0 > \Delta X_S^0$)

　この場合には，国内の農産物の生産量が供給不足となる。供給不足となった分は輸入に頼るということになる。農業部門の効率化によって生じた余剰資本と余剰土地および，余剰労働者が第二次・第三次産業に配分される。

　このように，農業部門を完全専業化して効率化することによる生産量の変化によって，農産物が輸出財・輸入財のどちらにもなりうる可能性が存在することになるのである。ただし，農産物が輸出財になるためには高付加価値の農産物を生産するなど様々な開発・努力が必要になると思われる。また，農産物の不足分を輸入する場合には，食糧自給率の観点から考えても TPP 締結反対派の懸念する状況であると思われる。

　上記の3つのケースのいずれの場合においても，農業部門（第一次産業）の効率化によって，余剰資本，余剰労働，余剰土地が他の部門に配分されることになるのである。

3.3　第二次・第三次産業への影響について

　ここでは，農業部門がすべて専業化し，効率化することによって農業部門（第一次産業）で余剰となった資本（ΔK）や労働（ΔL），土地（ΔN）が他の部門（第二次・第三次産業）へと投入される場合の影響について考察する。

《基本モデル》

　第一次産業からの余剰資本が投入される前の第二次産業と第三次産業の資本と労働の配分について考えると，完全競争市場のもとで第一次産業以外に配分される資本（$K-K_A$）と労働（$L-L_A$）と土地（$N-N_A$）の生産要素市場の均衡条件は次のように表わされる。

$$\Delta K = K - K_A = K_2 + K_3 \tag{I.5.20}$$

$$\Delta L = L - L_A = L_2 + L_3 \tag{I.5.21}$$

$$\Delta N = N - N_A = N_2 + N_3 \tag{I.5.22}$$

一般に製造業を主とする第二次産業は，サービス業を主とする第三次産業よりもより資本集約的であると考えられるため，第二次産業と第三次産業の資本集約度は以下の関係で表わされる。

$$\frac{K_2}{L_2} > \frac{K_3}{L_3} \quad \Rightarrow \quad k_2 > k_3 \tag{I.5.23}$$

ここで，k_2は第二次産業の資本集約度，k_3は第三次産業の資本集約度である。

図I.5.3において，第一次産業からの生産要素の投入がない場合には，相対価格がp_0のもとで，要素価格比率はω_0，自国の資源配分点（生産点）はE_0となり，第二次産業への就業（労働配分）比率はλ_2^0，第三次産業への就業（労働配分）比率はλ_3^0で表わされる。

第一次産業（農業部門）からの生産要素の配分があった場合，第二次・第三次産業の要素賦存量（k）はk'へと右へ移動する(注11)。相対価格がp_0のもとで，要素価格比率はω_0のままであるが，自国の資源配分点（生産点）はE_0からE'へと変化し，第二次産業への就業（労働配分）比率はλ_2'，第三次産業への就業（労働配分）比率はλ_3'で表わされる。このことから，第一次産業（農業部門）からの生産要素の配分があった場合には，資本集約的である第二次産業は拡大するが，労働集約的である第三次産業は縮小することになるのである。

図I.5.3　農業部門が専業化を進めた場合の第二次・第三次産業への影響

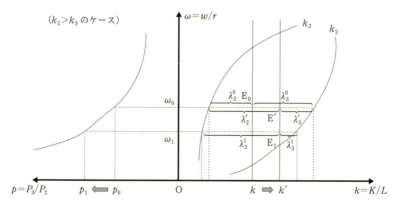

また，TPP締結によって輸入関税が撤廃されることにより，海外から部品を調達し，完成品を海外に輸出する第二次産業のコストが下がり，その分，工業製品の価格 P_2 が低下すると考えられる。そのため，相対価格 $p=\frac{P_3}{P_2}$ は p_0 から p_1 へと上昇し，要素価格比率は ω_1 へと下落する。自国の資源配分点（生産点）は E_1 となり，第二次産業への就業（労働配分）比率は λ_2^1，第三次産業への就業（労働配分）比率は λ_3^1 で表わされる。すなわち，TPP締結によるコスト削減により第二次産業はさらに拡大し，第三次産業は一層縮小する可能性があると考えられる。

4 TPPによる農業部門の影響について

4.1 従来の評価と農業部門拡大の可能性

内閣官房が平成22年10月27日に公表した「EPAに関する各種試算」によると，農林水産省が試算した関税率が10％以上かつ生産額が10億円以上の19品目[注12]の国境措置撤廃による農産物生産等への影響試算は，表Ⅰ.5.4のようになっている。

農林水産省では，TPP締結によって農産物の生産額が減少し，食糧自給率も現在の40％から14％へと低下し，GDPおよび雇用量もすべて減少効果を生み出すという悲観的な試算を発表している。しかしながら，3．において分析を行なったように兼業農家をすべて専業化することによって，農業に従事する労働者数を減少させることなく農業を効率化することにより，過剰な米の生産を需給バランスに適した生産量に調整し，さらに高付加価値の果物や野菜などの農産物を生産することが可能となるのである。その場合には，当然国内の食糧自給率も上昇すると予想されるのである。

現在，中国をはじめとするアジア諸国における新興国では，安全でおいしいとされる日本の果物や野菜などが高い価格であるにもかかわらず購入されている。今後，農業部門の効率化によってさらに生産物の差別化を強調した高付加

表 I.5.4　国境措置撤廃による農産物生産等への影響試算

試算の結果	
農産物の生産減少額	4兆1千億円程度
食糧自給率（供給熱量ベース）	40%から14%程度
農業の多面的機能の喪失額	3兆7千億円程度
農業及び関連産業への影響	
・国内総生産（GDP）減少額	7兆9千億円程度
・就業機会の減少数	340万人

出所：内閣府「EPAに関する各種試算」より抜粋・加工。

価値の果物や野菜の生産量が拡大し，しかもTPP締結によって関税がゼロとなれば，国際競争力も増加し，輸出可能となる農産物も拡大し，農業部門そのものが拡大する可能性も十分考えられるのである。

4.2　農業部門以外の産業の拡大の可能性

前述したように，経済産業省では，日本がTPPを締結しなかった場合の日本の基幹産業（自動車・電気電子・機械産業の3業種(注13)）が受ける損失についてのみ試算しており，内閣府ではマクロ全体としての経済効果を試算している。表I.5.2からも明らかなように，TPP参加による日本経済への影響額については各省庁によって全く異なっているのである。

TPP参加によって，輸出産業を中心とする工業部門においてはプラスの効果を生じると期待している経済産業省では，もしTPPを締結しなかった場合の損害額としてGDPが10.5兆円減少し，雇用も81.2万人が失業すると試算している。そのため早急な締結を望んでいる。その一方で，農林水産省では，TPP参加によって受ける損害額としてGDPが11.6兆円減少し，雇用も340万人が失業すると試算している。そのため，壊滅的なマイナス効果を生じると懸念している農林水産部門，特に農業界はTPP参加に対して猛反対の立場を取っているのである。経済産業省が算出した「TPPを締結しなかった場合の

損害額」と農林水産省が算出した「TPP を締結した場合の損害額」の計算結果を比較すると，農林水産省が算出した被害額のほうが大きいため，単純に考えるならば「TPP は締結しないほうがいい。」ということになるのである。しかしながら，内閣府では，TPP 参加によって GDP が 2.4 兆円〜3.2 兆円程度増加すると発表しているのである。これは各省庁が計算する上での前提が全く異なっているためである（表 I.5.2 参照）。そのため，損害額という面での単純な比較はできず，政府も明確に立場を打ち出せない状況となっているのである。

5 TPP 締結後の対策と懸念

　日本の食糧自給率が 40％（平成 21 年度概算値）という事実からも明らかなように，資本集約国である日本においては，第一次産品の多くを輸入に頼っているため，TPP 締結による輸入関税撤廃によってさらに輸入が拡大し，農産物を生産している農家は壊滅的な影響を受けるとして農業界では TPP 参加に対して猛反対の立場を取ってきた。その一方で，輸出財である工業製品を生産している第二次産業（産業界）では，いち早く世界貿易の変化の潮流に対応している韓国や中国に対して遅れをとるまいと EPA・FTA・TPP の締結・拡大を一刻も早く進めたいと政府に働きかけてきた。

　2015 年 10 月に 12 ヶ国（シンガポール，ニュージーランド，チリ，ブルネイ，オーストラリア，カナダ，マレーシア，メキシコ，ペルー，ベトナム，米国，日本）で TPP は大筋合意に達し，農産品や工業製品のほか金融サービスなど 21 分野で自由化を進め，原則各国間貿易の全品目の関税を撤廃することになったが，詳細が未定な項目もあり，各国での批准の段階に向けて今後も紆余曲折が予想される。現在，TPP 加盟各国は連携しつつ，2 年以内の協定の早期署名・発効を目指している状況である。

　TPP の大筋合意が成立した今，すべきことは農業部門内での兼業農家と専業農家の問題など抜本的な見直しを行なうことであり，関税撤廃の動きの進む

世界経済の流れに合わせて産業構造の強化を図るべきであると思われる。

　TPP締結によって第一次産業（農業）は専業化を奨め，米の需給バランスを調整し，高付加価値な生産物に対する国際競争力を高める等の対策によって，今後も第一次産業を継続・発展させることは可能であると思われるが，農業界などが懸念しているようにTPP締結をきっかけに第一次産業（農業）の専業化を推進したとしても逆に国内の食糧供給能力が不足し，今まで以上に農産物の輸入が加速するという可能性も非常に高いと思われるのである。

　そして，第一次産業（農業）の効率化によって生じた余剰な生産要素が第二次産業（工業）・第三次産業（サービス）へと流入するため，第二次産業（工業）は拡大するが，第三次産業（サービス）については，マイナス効果となる可能性も考えられるのである。

[注]
(1) またはTrans-Pacific Strategic Economic Partnership Agreement（環太平洋戦略的経済連携協定）とも表される。
(2) Stolper, W. F. & Samuelson, P. A., "Protection and Real Wages", *Review of Economic Studies* 9 (1), 1941, pp.58-73.
(3) 兼業従事者とは，農家の世帯員のうち30日以上他に雇用されて仕事をした者又は自営業（農業を除く）で15万円以上の販売金額を得た者である。（農林水産省ホームページ）兼業農家とは，世帯員のうちに兼業従事者が一人以上いる農家をいい，第1種兼業農家と第2種兼業農家に区分される。第1種兼業農家とは，兼業農家のうち自家農業を主とする農家をいう。この場合の主従は，原則として自家農業所得と兼業所得のいずれの所得が多いかによる。第2種兼業農家とは，兼業農家のうち自家農業を従とする農家をいう。本章では第1種兼業農家と第2種兼業農家については区別をしていない。
(4) 日本統計年鑑（平成22年）によると，大正14年の農家数（5,549千戸）に対して専業農家は3,880千戸（69.92％）であり，昭和5年には専業農家の割合が72.18％でピークとなった。その後減少し続け，昭和60年には最低の12.44％となったがその後は再び上昇傾向となり，平成20年度は23.43％となっている。
(5) 神門善久『偽装農家－たちまちわかる最新時事解説』飛鳥新社，2009年，43ページ。

(6) 大矢野栄次『マニフェストから学ぶ経済学』創成社，2010年，160ページ。
(7) 平成21年度『農業白書』第3章，図3-35より引用。
(8) 家族労働費も経営規模が大きくなるにつれて減少している。家族労働費とは，『農畜産物の生産に投下した家族の労働時間に「毎月勤労統計調査（厚生労働省）」結果による賃金を乗じた評価額』である。経営規模が小さいほど米の生産には手間隙がかかり，時間制約の多い兼業農家ではより多くの農業機械等の資本を投入しなければならないことを示している。
(9) 本来，リプチンスキーの定理では、生産要素は「労働」と「資本」の2つの生産要素しか考慮しないが，農業部門を専業農家と兼業農家に分けて分析する場合には、「土地」が重要な制約条件となるため、本章では3つの生産要素の配分について分析を行なっている。
(10) 図I.5.2においてE_0E_1とO_KE_0は生産量のベクトルを表わしているが，それぞれの部門の等産出量曲線が異なるため，ベクトルの大きさだけで生産量の大小関係を決定することはできない。
(11) これは専業農家よりもより資本集約的であった兼業農家からの生産要素移動であるため，労働増加分よりも資本増加分のほうが多くなり要素賦存量は増加すると考えられる。
(12) 19種類の対象品目は，米，小麦，甘味資源作物，牛乳乳製品，牛肉，豚肉，鶏肉，鶏卵等。林産物・水産物は含まない。
(13) 自動車・電気電子・機械産業の3業種は，アメリカ・EU・中国の3市場向け輸出の5割に相当している。

第II部

国際金融の制度と決済システム

国際貿易や国際投資が拡大し，生産物市場においても金融市場においても，各国の経済は互いに大きな依存関係を持つようになってきている。この依存関係は生産物市場や金融市場が世界的なレベルで統合され始めたことによるものである。

　たとえば，アメリカのマクロ経済政策によるアメリカ経済の景気の拡大は，アメリカの海外からの輸入を増大させ，アメリカ国内の金利を引き上げる。アメリカの輸入の増大によって，日本やヨーロッパあるいはアジア諸国からの輸出が増大し，ドル安の要因となる。また，アメリカ国内の金利の上昇は海外からアメリカへの投資が増大し，ドル高の要因となるのである。また同様に，日本のマクロ経済政策は，為替相場や金利の変化を通して，国際貿易や国際資本移動の変化を通して海外の経済に影響を与えるのである。

　第Ⅰ部においては，このような国際貿易・国際資本移動にまつわる国際金融的な問題について，特に，国際金融の制度とメカニズムについて説明する。

　第1章においては，国際通貨と国際決済制度について，その定義・役割とメカニズムについて説明する。第2章においては，国際決済制度についての歴史的にも理論的にも，そして，制度的にも基本的な考え方である金本位制度について，その歴史とメカニズムを説明する。

　第3章においては，戦後の西側世界にとって重要な役割を果たしてきたブレトンウッズ体制について説明し，第4章においては，この体制の変革によって今日の世界に受け入れられている金融制度としてのスミソニアン体制について説明する。第5章においては，1990年代以降世界各地で発生した通貨危機の特徴と発生原因およびIMF（国際通貨基金）の対応について，それぞれのケースごとに説明する。

　第Ⅲ部においては，このような制度とメカニズムについての知識を前提として，開放体系下のマクロ経済モデルと経済政策の有効性について説明する。

第1章

国際通貨と国際決済制度

1 国際収支論と国際金融論

　国際収支論とは，一国の経済の国際収支がどのようなメカニズムによってどのような水準で決定されるか，あるいは，国際収支の調整が行なわれる方法について研究する分野であり，国際金融論として説明されることもある。ここで，国際金融論は，金融論と国際収支論の2つの分野の総合的な領域を含む学問であるということもできる。あるいは，金融論とは国際金融論の特殊ケースであるということもできる。

　国際金融論の課題は，(1)国際経済の中で基軸通貨がどのような役割を果たしているか，(2)それぞれの経済主体が国境を越えて資金をいかに調達するか，(3)各種の金融資産をどのように保存するか，(4)各種の金融市場がどのように機能するか，(5)各国政府，国際機関の政策がどのように行なわれ，またその政策はいかにあるべきか，などを研究する分野である。

2 国際通貨

　国際経済においては国の数だけの複数の通貨が存在している。国内経済においては，一般に自国通貨によって取引の決済が行なわれるが，国際間の取引においては個々の取引をどの通貨によって決済するかが問題となるのである。

　そうして，国際的な取引の当事者のうち少なくとも一方は取引のために通貨を交換する必要が生じることになる。また場合によっては，取引当事者の双方とも通貨を交換する必要が出てくる場合もある。この場合には，通貨相互間の

交換比率（為替レート）の問題が起こってくるのである。ここで，為替レートとは通貨相互間の交換比率であり，本来的には国際間の取引の結果を反映して変動する性質のものである。

《外貨準備》

　国際間の取引の決済のためには，通貨の交換の需要に応じるために「国際通貨の準備」が必要となる。ここで，「国際通貨の準備」とは，各国の外国為替当局が保有する「公的準備」（official reserves）を指す。

　日本の場合では，「日本銀行」と「外国為替資金特別会計」が所有する準備が公的準備であり，これを「外貨準備」と呼んでいる。しかし，この「外貨準備」は外貨（外国通貨建ての流動資産）だけではなく，金やSDR，gross IMFポジションも含まれている。

《国際通貨》

　国際通貨とは，(1)金や(2)SDR，IMFポジションの他に，(3)各国の通貨（national currencies）のうち，ドルやユーロなどのように国際決済に使用されている通貨である。

　ここで，SDRとは特別引き出し権（Special Drawing Rights）の略であり，1969年に創設された。その価値は当初16通貨で構成されていたが，1981年1月1日より主要5通貨（ドル，ポンド，フラン，マルク，円）で構成されるようになり，2001年1月1日からは主要4通貨となった。そのウェイトは，2011年1月1日より米ドル41.9%，ユーロ37.4%，ポンド11.3%，円9.4%であり、このウェイトは5年ごとに修正されることとなっている。

　2016年10月からは中国の人民元がSDRの構成通貨として新たに加えられることが決定され，構成ウェイトは，米ドル41.73%，ユーロ30.93%，人民元10.92%，円8.33%，ポンド8.09%になる予定である。

《国際通貨の役割別分類》

国際通貨は役割別に，次のように分類することができる。

(1) **基軸通貨**（vehicle currency, transaction currency）；国際的な取引の際に決済される通貨を基軸通貨という。
(2) **介入通貨**（intervention currency）；各国の通貨当局が為替相場を安定させるために，為替市場に介入するときに使用される通貨を介入通貨という。
(3) **準備通貨**（reserve currency）；各国の公的準備のために保有される国際通貨を準備通貨と言い，金とSDRおよびIMF positionは，このためにしか使用されない。

3 外国為替

一般に為替制度は，遠隔地における貨幣輸送費の節約を目的として発生したものである。国際取引においては一国の居住者（resident）と非居住者（non-resident）との間の取引の決済において外国為替（Foreign Exchange）が使用される。すなわち，外国為替とは，「通貨を異にする隔地間で現金を使わないで資金の授受を行なう仕組みであり，それに伴って通貨の交換の必要が発生するもの」である。一国の通貨は国境を越えれば通常の取引において使用することはできずに，ただの紙切れにすぎなくなる。国境を越えた通貨のやりとりをスムーズに行なうための仕組みが外国為替である。

外国為替は(1)国際的取引によって生じる債権・債務を現金を直接送ることなしに，異なる通貨で表示された債権の交換（手形，小切手，郵便為替，銀行当座預金など）によって相殺し，それによって国際取引を決済する方法とその過程をいう。すなわち，外国為替とは一国の通貨を他国の通貨に交換するプロセスまたはシステムであり，「異なった通貨建ての金銭・債務の相互交換」という側面と「信用供与」という側面とがある。また，(2)外国為替という用語は，国際決済に際して使用される支払手段の意味にも使われる。この場合は外貨建ての債権を表示する流動性の高い有価証券を外国為替と呼ぶのである。

外国為替には，並為替（送金為替）と逆為替（取立為替）がある。以下，それぞれについて説明する。

3.1 並為替

並為替（送金為替）については，図Ⅱ.1.3aの例によって説明することができる。

いま，東京にいるA氏がニューヨークに住んでいるB氏に一定の額のドルを送金する場合について考える。A氏は東京の甲銀行で送金すべき額のドルに相当する円を支払い，支払い人が乙銀行で受取人がB氏である小切手を振出してもらい，A氏はその小切手をB氏に郵送し，B氏はそれをニューヨークの乙銀行の窓口でドルで受取ることができる。このような方法が並為替（送金為替）である。この場合，東京の甲銀行とニューヨークの乙銀行はコルレス契約を結んでいるという前提がある。コルレス契約とは，直接に為替銀行間で為替取引を決済できる契約である。

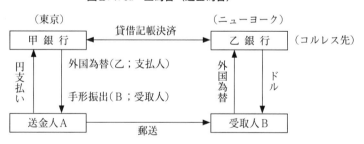

図Ⅱ.1.3a　並為替（送金為替）

3.2 逆為替

逆為替（取立為替）については，図Ⅱ.1.3bの例によって説明することができる。

いま東京の輸出業者Aが，ニューヨークの輸入業者Bにある商品を輸出し，その代金を取り立てる場合について考える。まず，Aは運送業者から船荷証券

図Ⅱ.1.3b 逆為替（取立為替）

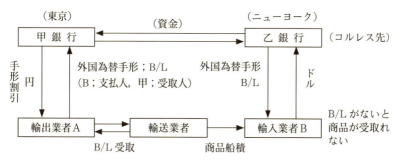

(B/L; Bill of Lading) を受取り，東京の甲銀行にこの船積書類を提出して外国為替手形を割引いてもらうことによって資金を獲得することができる。ここで，甲銀行がAに対して手形を割引くためには，乙銀行は，その取引先の輸入業者のBからの支払いを保証するという「信用状」が必要となる。

甲銀行はこの船積書類と外国為替手形を乙銀行に送り，乙銀行から輸入業者Bに代金を取り立ててもらう。輸入業者Bはその代金を乙銀行に支払って船積書類を受け取って初めて輸入した商品の持ち主になることができるのである。このように為替手形に船積書類を付けたものを荷為替手形という。

このような荷為替における荷物の引渡し条件には，次の2つがある。1つは，(1)D/P (Documents Against Payment，支払渡し) 扱いといわれ，輸入商品の取引に必要な船荷証券などの為替手形の支払があったときに引き渡すとする場合である。また1つは，(2)D/A (Documents Against Acceptance，引受渡し) 扱いといわれ，為替手形の引受けがあったときに輸入商品を引き渡すことができる場合である。通常は，D/P 扱いであるが，D/A 扱いの方が輸入業者にとっては，輸入商品を代金支払い前に受け取ることができるため手形決済資金を調達することができるというメリットがある。

外国為替市場はこのように通貨と通貨の交換だけではなく信用供与を与える役割も果たしているのである。このような機能を，credit function of the foreign exchange market という。

4 為替相場(為替レート)

4.1 為替相場の表示方法

為替相場(為替レート)とは,異なった通貨間の交換比率であり,その表示方法には「邦貨建て」と「外貨建て」とがある。いま,ある外貨の為替相場を表示する場合にその外国通貨(たとえばドルやマルク)1単位当たりを国内通貨(円)の価値で表わすならば,「1ドル=100円」というように表示される。このような表示方法は「邦貨建て」と呼ばれる。逆に国内通貨(円)1単位当たりを外国通貨(ドルやマルク)の価値で表わすならば,「1円=0.008ドル」というように表示される。このような表示方法は「外貨建て」と呼ばれる。

> 通貨相互間の交換比率 = 為替相場(為替レート);e

- 1 \$ = 100円　　　e = 100円/\$　　;「邦貨(円)建て為替相場」
- 1円 = 0.01 \$　　e = 0.01 \$/円　　;「外貨(ドル)建て為替相場」

4.2 為替相場決定要因とそのメカニズム

変動相場制の現在,為替相場は外国為替市場において決定され,常に変化している。円ドル相場の場合,ドルの売り注文・円の買い注文(ドル売り円買い)がドルの買い注文・円の売り注文(円売りドル買い)よりも多ければドルに対して円の超過需要となり,円高・ドル安の方向に進むことになるのである。また,逆にドルの売り注文・円の買い注文(ドル売り円買い)がドルの買い注文・円の売り注文(円売りドル買い)よりも少なければドルに対して円の超過供給となり,円安・ドル高の方向に進むことになるのである。

```
ドル売り円買い ＞ 円売りドル買い → 円高・ドル安
ドル売り円買い ＜ 円売りドル買い → 円安・ドル高
```

《ツーウェイクォート》

外国為替市場では，為替相場の売値（Bid）と買値（Ask または Offer）を同時に表示するという「ツーウェイクォート（2Way Quote）」という方法を採用しており，具体的に表現すれば，「現在の東京外国為替市場は，売値（Bid）が1ドル＝103円37銭で，買値（Ask または Offer）が1ドル＝103円38銭で取引されている。」となる。すなわち，「売値（Bid）」とは，保有しているドルを売る場合の値であり，買値（Ask または Offer）はドルを購入する場合の値である[注]。

また，この売値と買値の差は「スプレッド」と呼ばれる。

```
 1ドル＝103円37銭   ～    1ドル＝103円40銭
  「売値（Bid）」          「買値（Ask または Offer）」
    スプレッドは，20銭（＝103.40円－103.37円）
```

それ以外に，銀行で使用される相場として，TTSやTTBがある。
- TTS（Telegraphic Transfer Selling）「電信売相場」：海外向けに送金する場合や外貨預金を預ける際に適用される相場。「買値（Ask または Offer）」に相当。
- TTB（Telegraphic Transfer Buying）「電信買相場」：海外からの送金の受け取りや外貨預金の支払いの際に適用される相場。「売値（Bid）」に相当。

（注）「Bid」を「買値」，「Ask（または Offer）」を「売値」と呼ぶことがある。これは金融機関側から見た表現となる。つまり，売り手と買い手をどちらの立場（顧客か金融機関側）に立って説明するかの違いであり，ここでは顧客側から見た立場で説明をしている。

《外国為替市場の要因》

　外国為替市場とは，国際的な取引によって必要となった決済のための外国為替（ドル為替）と国内通貨（円）の交換の場である。

　外国為替の需要要因（円をドル為替に替えるドル為替の需要）としては，①輸入の決済のため，②海外への投資のため，③過去に契約した先物取引の決済のため等である。

　また，外国為替の供給要因（ドル為替を売って円に替えるドル為替の供給）としては，①輸出決済から得た外国為替を国内通貨に替えるため，②海外からの投資のため，③過去に契約した先物取引の決済のため等である。

　これらの為替による決済が国際間の貿易による財・サービスの取引や長期資本移動・短期資本取引の決済として通常どおりに安定的に行なわれている場合には為替相場は実需を反映して安定的な相場で推移するであろう。しかし，一度その安定的決済に陰りが生じたときには，為替相場と国際的決済は激動することになるのである。このような為替相場の変動を説明する大きな要素に「リーズ・アンド・ラグズ」(leads and lags) がある。

　いろいろな国際的取引の決済のために行なわれる為替による支払い受取には，商慣行や為替相場の動向・思惑等を配慮した一定の時間的遅れが存在するものである。このような取引と為替による決済との間の時間的ズレは，「リーズ・アンド・ラグズ」と呼ばれている。

　輸入を早めにして輸出を遅らせる場合，輸入の支払いを早めにして輸出による受取額の取立てを遅らせる場合，または輸出入に伴う為替を早めに，あるいは，かなり前もってカバーするにしても，早期決済の期間を一層早めることは輸入国がより早く外国為替を失い，ラグズを長引かせることは輸出国が外国為替をより遅らせて取得することを意味しているのである。直物取引であろうと先物取引であろうと，そして，固定相場制度においても変動相場制度においても為替相場を大きく変動させる要因はこの「リーズ・アンド・ラグズ」の変化なのである。平均1週間の「リーズ・アンド・ラグズ」の変化は1年間の輸出総額あるいは輸入総額の2%の変化に等しいということからも「リーズ・アン

ド・ラグズ」の変化の影響がいかに大きいかが理解できるであろう。

為替相場が大きく変化する兆候が現われたときの為替に対する売り圧力の直接的な原因として，P.アインチッヒは『外国為替の危機』（ダイヤモンド社）において，次の14の要因を挙げている。①貿易あるいは貿易外輸出の減少，②貿易あるいは貿易外輸入の増大，③交易条件の悪化，④輸入代金決済についての時期を早める行為の増大，⑤輸出代金の受取時期を遅らせる行為の増大，⑥対外政府支出の増大，⑦過剰な資本輸出，⑧外国資本の本国送還または引揚げ，⑨対外債務の返済，⑩外国人残高の引揚げ，⑪国内資本の逃避，⑫純粋な投機的売り，⑬掛けつなぎ（hedging；ヘッジング），⑭資金流出的金利裁定取引等である。

《為替相場の変化の影響》

いま，邦貨建て為替相場で1＄＝200円から1＄＝100円へと変化した場合には，「円高・ドル安」である。すなわち，ドルに対して円の価値が相対的に高くなったということであり，具体例を挙げると，次のように説明できる。

《日本から車を輸出する場合（円高・ドル安）》

日本では	→	輸出	→	アメリカでは	
200万円の車		（1＄＝200円の時）		1万ドル	同じ車でも価格
200万円の車		（1＄＝100円の時）		2万ドル	が2倍となる。

すなわち，日本国内では同じ価格の車でも為替相場の変化（円高・ドル安）によって，アメリカでは価格が2倍となる。これは円の価値がドルに対して2倍になったからである。しかし，アメリカの自動車市場においては他の国から輸入される自動車との競争もあり，アメリカ市場での価格を円高に比例して上昇させると日本からの輸出が激減する可能性もある。そのため，アメリカ国内での日本車の価格上昇による需要の減少を考慮して価格を設定しなければならないために，円高は日本の輸出産業にとっては不利に働くと考えられるのである。

```
━━《アメリカからオレンジを輸入する場合(円高・ドル安)》━━
  アメリカでは    →    輸入    →    日本では
  1 ドルのオレンジ （1 ＄＝200 円の時）   200 円  ⎛同じオレンジでも⎞
  1 ドルのオレンジ （1 ＄＝100 円の時）   100 円  ⎝価格は半分となる。⎠
```

　すなわち，アメリカ国内では価格は変化しないけれども，為替相場の変化（円高・ドル安）によって日本の輸入業者にとっては価格は半分になる。これは円の価値がドルに対して2倍になったからである。このような場合には，日本国内でのアメリカ産のオレンジの需要が増えると考えられるので，円高は輸入産業にとっては有利に働くことになるのである。

```
━━《為替相場の変化に対する輸出と輸入の関係》━━
              輸出量      輸入量
  円安（ドル高）   増加       減少
  円高（ドル安）   減少       増加
```

《為替リスクと先物取引》

　輸出業者は，為替相場の変動による損失（為替リスク）を回避（リスクヘッジ）するために先物（さきもの）為替の予約を行なっている。これは将来の一定時期に予約した条件で為替を売ることを約束する取引であり，この時の相場は先物為替相場と呼ばれる。外貨と自国の通貨の交換がすぐに実行されるか，遅くとも数日内に実行される取引を直物（じきもの）取引といい，その時の相場は直物為替相場と呼ばれる。

　（例）　ある輸出業者が1ヵ月後（4月1日）に輸出代金を受け取る取引を行なった場合に今日（3月1日），1ヵ月後の先物相場のドルを売っておくとする。

3月1日現在の直物相場が100円/＄であり，1ヵ月先の先物相場が95円/＄であると仮定すると，3月1日現在の直物相場と比較して，1ヵ月後の4月1日の直物相場の値によっては以下のような結果になる。

① 4月1日に直物相場が90円/＄（円高・ドル安）となった場合には，先物予約を行なっていなければ10円の損失（90円/＄－100円/＄）となるが，先物予約を行なっていれば5円の損失（95円/＄－100円/＄）で済むことになる。

② 4月1日に直物相場が110円/＄（円安・ドル高）となった場合には，先物予約を行なっていなければ10円の利益（110円/＄－100円/＄）となるが，先物予約を行なっていれば5円の損失（95円/＄－100円/＄）となる。

この業者が将来円高を予想しているならば，輸出代金をドル為替で受け取る4月1日の直物相場（90円/＄）で円を受け取るよりも先物相場（95円/＄）での円を受け取ったほうが円高による損失を少なくすることができる。すなわち，企業は先物予約を行なうことで円高による輸出代金の目減り分（為替リスク）を少なくして，安定した取引利益を確保しようとするのである。

5 国際収支（balance of payments）の定義

5.1 外国為替の需給

国際間の財貨・サービスの取引（貿易），あるいは資本の移動によって国際間の決済の問題が生じる。このようにして生じる決済の問題は，国と国との間で異なった通貨を使用することから起こる問題である。

先の外国為替市場の要因で説明したように，外国為替市場における外貨（外国為替）の取引には，いろいろな目的といろいろな方法による取引がある。

外国為替の需要には，主に次のような要因がある。

 1. 海外からの輸入のための外貨（外国為替）需要
 2. 海外への投資のための需要

3. 過去に決定(契約)したカバリングなどによる先物取引の決済のための需要

また,外国為替市場における外国為替の供給には,主に次のような要因を挙げることができる。
   1. 輸出から得た外貨(外国為替)を国内通貨に替えるための外貨供給
   2. 海外からの投資を国内の通貨に替えるための供給
   3. 過去に決定(契約)した先物取引の決済のための供給

5.2 国際収支

国際収支とは一般には,(1)国際収支表(統計),(2)一国の全般的な収支状況,(3)国際収支尻,というような意味において使用される。ここで,国際収支が問題にされるのは,一国の国際決済上の支払い可能性あるいは流動性の水準が,国内の経済活動水準に大きく係わりあってくるからである。

《国際収支統計》

国際収支統計(Balance of Payments)とは,一定期間における一国のあらゆる対外経済取引について体系的に計上した統計である。取引は居住者(residents;「自然人,本邦内に主たる事務室を有する法人」,外国の支店,出張所も含まれるが,日本では外国にある日本の支店,出張所も居住者の定義に含まれ,日本の為替当局の管理下に取り組んでいる)と非居住者との間で行なわれたものであり,(1)財貨・サービス・所得の取引,(2)対外資産・負債の増減に関する取引,(3)移転取引に分類される。取引自体は経済価値の創出・交換・移転または消滅を反映するものであり,財貨・金融資産の所有権の移転,サービスの提供,または労働及び資本の提供を伴うフローとして定義されている。

《国際収支の分類》

わが国の国際収支の構成項目は IMF 国際収支マニュアル(第5版)に基づいて分類されている。国際収支は経常収支と資本収支の2つに大別される[注]。

第1章 国際通貨と国際決済制度 93

> (注)
> IMFは平成20年12月に国際収支マニュアル(第6版)への統計見直しを公表した。これに対して,日本でも平成26年より国際収支関連統計を現行の第5版から第6版へと移行することとなった。国際収支マニュアル(第6版)の主な見直しの内容については【付論】として後述する。

(1) **経常収支**(Balance on Current Account)

経常収支は貿易・サービス収支と所得収支,経常移転収支を加えた額である。

経常収支=貿易・サービス収支+所得収支+経常移転収支

　　　　=(輸出額-輸入額)+サービス収支+所得収支+経常移転収支

(2) **貿易・サービス収支**

貿易・サービス収支は,財の輸出入およびサービスの授受の収支を合計したものである。貿易収支は輸出額から輸入額を差し引いた額であり,一般商品,加工用財貨,財貨の修理,輸送手段の港湾調達財貨,および非貨幣用金を含んでいる。ただし,金投資・貯蓄口座に関する非貨幣用金の取引は資本収支の中に含まれる。

サービス収支は,輸送(旅客の運搬,財貨の移動など),旅行,その他サービス(通信,建設,保険,金融,情報,特許等使用料,その他営利業務,文化・興行および公的その他サービス)に区分される。

(3) **所得収支**

所得収支は,居住者・非居住者間の雇用者報酬および投資収益の受取・支払を計上したものである。

(4) **経常移転収支**

移転収支とは,実物資産(財貨・サービス)あるいは金融資産などの無償取引(経済的価値の一方的な受払)を計上したものであり,相手国の経常支出となる経常移転と資本形成に貢献する資本移転に区分される。前者が経常収支に含まれ,後者が資本収支に含まれる。経常移転収支は,資本移転以外の全ての移転を計上し,個人または政府間の無償資金援助,国際機関への拠出金,出向

社員の給与の受払，生命保険以外の保険金の受払を含んでいる。

(5) **資本収支**

資本収支は，居住者と非居住者との間で行なわれた資産または負債の受払を計上したものであり，投資収支およびその他資本収支から構成される。

(6) **投資収支**

投資収支は，居住者と非居住者との間で行なわれた金融資産負債の取引を計上したものであり，直接投資，証券投資，金融派生商品，その他投資が含まれる。

(7) **その他資本収支**

その他資本収支は，居住者と非居住者との間で行なわれた固定資産の取引および非生産非金融資産の取引を計上したものであり，資本移転とその他資産を含んでいる。

(8) **外貨準備増減**

外貨準備増減は，通貨当局の管理下にあるすぐに利用可能な対外資産の増減を計上する項目であり，貨幣用金，SDR，IMFリザーブポジションが含まれる。

以上の説明を表で表わすと，表Ⅱ.1.1のように表わされる。

表Ⅱ.1.1　国際収支

経常収支	貿易・サービス収支	
	（貿易収支＝輸出額－輸入額）	
	（サービス収支　；運輸，旅行，その他サービス）	
	所得収支	；雇用者報酬，投資収益など
	経常移転収支	；資本移転以外のすべての移転
資本収支	投資収支	；直接投資，証券投資，その他投資
	その他資本収支	；資本移転の受払いなど
外貨準備増減		
誤差脱漏		

【付論】国際収支関連統計の変更について

IMF は平成20年12月に国際収支マニュアル（第6版）への統計見直しを公表した。これにより日本でも平成26年より国際収支関連統計を現行の第5版から第6版へと移行することとなった。以下では，財務省が公表している『「国際収支関連統計」の見直し』を基にして第6版の主な見直しの内容について説明する。主な変更点は以下の通りである。

主な変更個所等

		項　目	内　　容
全　般	主要項目の組み替え	金融収支	「投資収支」，「外貨準備増減」を統合
		資本移転等収支	「その他資本収支」を「経常収支」，「金融収支」と並ぶ大項目に変更
	符合表示の変更	金融収支	資産・負債の増加をプラス（＋），減少をマイナス（－）と表示
	項目名の変更	第一次所得収支	「所得収支」から変更
		第二次所得収支	「経常移転収支」から変更
	項目の拡充	投資ファンド持分	証券投資の下位項目として新設
付表1	サービス収支	その他サービス	内訳項目を9分類から10分類の改編
付表2	Ⅱ．対外・対内直接投資（地域別内訳）	実行，回収	ネットに加えて，新たに実行，回収を追加
付表3	Ⅱ．投資家部門別対外証券投資	投資家部門	従来の3部門（公的・銀行・その他）から5部門（中央銀行・一般政府・預金取扱機関・その他金融機関・その他（一般事業法人，個人等））に細分化

出所：財務省ホームページ，統計のお知らせ「国際収支関連統計の見直しについて」（平成25年10月8日発表），「国際収支状況（速報）の新しい公表様式等をお知らせします」（平成26年2月28日発表）より引用。

したがって，変更前（第5版）と変更後（第6版）の国際収支の主要項目の組み換えと名称の変更については，次の表のように比較することができる。

変更前（第5版）		
経常収支	貿易・サービス収支	貿易収支
		（輸出）
		（輸入）
		サービス収支
		貿易・サービス収支計
	所得収支	
	経常移転収支	
	経常収支計	
資本収支	投資収支	
	その他資本収支	
	資本収支計	
外貨準備増（−）減		
誤差脱漏		

変更後（第6版）		
経常収支	貿易・サービス収支	貿易収支
		（輸出）
		（輸入）
		サービス収支
		貿易・サービス収支計
	第一次所得収支	
	第二次所得収支	
	経常収支計	
資本移転等収支		
金融収支	投資収支	
	外貨準備	
	金融収支計	
誤差脱漏		

新・金融収支のマイナス（△）は資本の流入（資産の減少）を示す。
出所：財務省「国際収支関連統計の見直しの概要」より抜粋・加工。

《変更前の経常収支》

経常収支＝貿易・サービス収支＋所得収支＋経常移転収支

　　　　＝貿易＋サービス収支＋所得収支＋経常移転収支

　　　　＝（輸出額−輸入額）＋サービス収支＋所得収支＋経常移転収支

《変更後の経常収支》

経常収支＝貿易・サービス収支＋**第一次所得収支**＋**第二次所得収支**

　　　　＝貿易収支＋サービス収支＋**第一次所得収支**＋**第二次所得収支**

　　　　＝（輸出額−輸入額）＋サービス収支＋**第一次所得収支**＋

　　　　　第二次所得収支

《変更前の資本収支》

資本収支＝投資収支＋その他資本収支

《金融収支（変更後）》

金融収支＝投資収支＋外貨準備

《資本移転等収支（変更後）》

資本収支の中にあった「その他資本収支」が「資本移転等収支」として独立

《変更前の国際収支》

国際収支＝経常収支＋資本収支＋外貨準備増減＝0

《変更後の国際収支》
国際収支＝経常収支＋資本移転等収支－金融収支＝０

6 為替相場制度と国際収支問題

6.1 為替相場制度

　為替相場の決定メカニズムは，国内市場のそれぞれの価格の調整メカニズムと同様に国内の資源配分の効率性と所得分配の公正を実現するためのシステムである。そのシステムとしては，(1)固定相場制度，(2)変動相場制度，(3)管理フロート制度等がある。

(1) **固定相場制度**；自国通貨（日本の場合は円）の対金あるいは対ドルといった基軸通貨に対して平価を設定し，自国通貨の為替相場（通貨の交換比率）が許容変動範囲内に維持されるように，中央銀行が外国為替市場に介入する義務がある制度である。

　　固定相場制度の背景には，為替相場の日々の不規則な変動は経済活動を不活発にするという判断がある。

(2) **変動相場制度**；外国為替の需要と供給が等しくなるところで，為替相場（通貨の交換比率）が日々決定されることを建前とする制度である。

(3) **管理フロート制度**；設定された平価に対して為替相場が一定の範囲内で変動するように中央銀行が外国為替市場に介入し，相場を管理する制度である。管理フロート制度の背景には平価は長期的な趨勢に従うべきであるという判断がある。

《市場介入とその資金》
　外国為替市場への介入資金は税金である。財務省外国為替特別会計の政府短期証券の日銀への売却によって得た資金を，財務省が日銀に融通して，その資金によって日銀が外国為替市場に介入するものである。

図Ⅱ.1.4 市場介入資金の流れ

《望ましい為替相場》

　国際貿易によって，それぞれの財の価格は国際的に同じ水準に収斂する傾向にあり，内外価格差は是正される傾向があるという「購買力平価説」(PPP; Purchasing Power Parity) を前提にすると，「最適な為替相場」を想定することができる。

　いま，ある製品の国内市場での価格をP円，海外市場での価格をP^*ドル，為替相場をe（円/ドル）とすると，「購買力平価説」が成立するならば，最適な為替相場水準においては，次の式が成立することになる。

　　P円＝e円/ドル×P^*ドル

　しかし，この場合にどのような財，あるいは物価水準を基準にして価格水準の均等化を考えるかによって「最適な為替相場」は異なる。

　たとえば，(1)消費者物価を基準にすると日本経済にとって「最適な為替相場」は，「1ドル＝140円」であると言われており，(2)生産者物価を基準にすると「1ドル＝120円」，(3)輸出価格を基準にすると「1ドル＝100〜105円」であると言われている。また，日米間のインフレ率格差は，おおよそ3％である。このことは，「購買力平価説」が為替相場決定の長期理論として正しいならば，毎年約3％の円高ドル安が必要であることを意味しているのである。

　しかし，「内外価格差」はそれぞれの国にとって国内経済問題である。また，通貨間の交換比率である外国為替相場の水準の決定メカニズムに実物経済の均衡を実現するようなシステムとしての機能は存在しないのではないだろうかと考えるならば，「望ましい為替相場」を説明する経済的理論は存在しないことになるのである。

6.2 国際収支問題と中央銀行

　国際収支問題とは，複数の国々がそれぞれ異なった通貨を使用していることから生じる問題である。世界経済において異なる中央銀行が存在し，異なる貨幣を発行しており，それぞれ独自の金融政策を行なっているからこそ，国際収支問題は起こるのである。M.フリードマンによると，「個別の中央銀行が存在することは国際収支問題を生じさせる必要条件であると同時にほとんど十分条件である」と言っている。

《変動相場制度における国際収支問題》

　完全に自由な変動相場制度であれば国際収支問題は発生しないはずであり，国際収支問題は本来的には固定相場制の下での現象である。自由な変動相場制において，政府が公的準備を持たず，通貨当局が外国為替市場に一切介入せず，外国為替の需給はすべて為替相場の変動によって一致させるようにすれば，国際収支問題は発生しないはずである。もちろん，この場合には為替管理も原則として行なわないという方針が必要である。この場合に為替相場が安定的に推移することになるか，大幅に変動することになるかについては議論が分かれている。

　現在の為替相場制度は管理フロート制度（managed float）であり，1973年以降に主要国が採用するようになった為替相場制度である。この制度は，政府が特定の平価あるいはそれに準ずる central rate とか reference rate を設定して，市場の実勢のみに任せずにいろいろな意味で安定させようと適宜介入する制度である。しかし，この制度は結果的には変動を大きくしている可能性があるのである。

　この管理フロート制度の下での国際収支問題は，このフロート制をかなり厳重な為替管理の下で固定為替相場制度（介入の義務がある）に近い形で運営（介入）するために起こってくるのである。

7 為替相場はなぜ反転しないか―Ｊカーブ効果とマギー効果

為替相場変更による貿易収支や経常収支・国際収支への効果は遅れる傾向にあり，時には，逆方向に調整されることもある。このような効果については，(1) Ｊカーブ効果と(2)マギー効果が知られている。

(1) **Ｊカーブ効果**；固定相場制度の場合において，平価の変更によって当面は貿易収支に逆の効果を与えることから描かれる収支の変化が，図Ⅱ.1.5の下の曲線のようにアルファベットの「Ｊの字」に似ていることから付けられた効果である。

《平価切り下げ効果》

固定相場制度において，貿易収支の赤字を減少させるために通貨当局が為替相場を切下げる「平価切下げ」を行なうと，将来の輸入製品価格の上昇期待から，切下げ後の輸入が不利になるために，これまでの価格水準での駆け込み輸入が生じ，輸入は増加するという傾向がある。また，将来の輸出価格下落期待

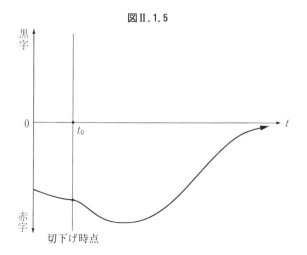

図Ⅱ.1.5

から切下げ後の輸出が有利になるために，輸出製品の買い控えが生ずることによって輸出は減少する。

このことから，貿易収支の改善を狙った「平価切下げ」は，期待された効果とは反対に輸入が増加し，輸出が減少するために貿易収支は一時的に悪化する傾向があるのである。

変動相場制度においては，相場の下落期待が輸出を縮小させ，輸入を増加させることにより，同様の「Ｊカーブ効果」が発生することになる。

《平価切り上げ効果》

貿易収支の黒字を減少させるために通貨当局が為替相場を切上げる「平価切上げ」を行なうと，将来の輸入製品価格の下落期待から，切上げ後の輸入が有利になるために，輸入製品の買い控えが生じて輸入額が減少する。また，切上げ後の輸出が不利になるために，これまでの価格水準での駆け込み輸出が生じて輸出額が増加する。このことから，貿易収支黒字の縮小を狙った「平価切り上げ」は，期待された効果とは反対に，輸出が増加し，輸入が減少するために，貿易収支黒字は一時的に増加するのである。

為替相場の一方向への変動は「Ｊカーブ効果」を連続的に生じさせることになり，均衡水準に到達することを遅らせる効果を持つと考えられている。

変動相場制度においても，為替相場の変動と貿易製品の価格設定との間にはタイム・ラグがあるために同様の「Ｊカーブ効果」が現われる。変動相場制度においては，相場の上昇期待が輸出を拡大し，輸入を減少させることによって，同様の「Ｊカーブ効果」が発生することになる。

(2) **マギー効果**；邦貨建ての貿易収支の動きが，外貨建てとは同一ではないことから生ずる効果である。

いま，輸入額が100万ドルであるとする。1ドル＝100円の場合には，円表示の輸入額は1億円であるが，1ドル＝80円になった場合の円表示の輸入額は

8,000万円となり，ドル表示では輸入額は不変であるにもかかわらず，円表示での輸入額は減少したように見えるのである。

すなわち，為替相場の上昇率＞輸入量の増加率であるならば，為替相場の上昇によって輸入量とドル建ての輸入額は増加するにもかかわらず，円建ての輸入額は減少することになるのである。

また，輸出額が120万ドルであるとする。1ドル＝100円の場合には，円表示の輸出額は1億2千万円であるが，1ドル＝80円になった場合の円表示の輸出額は9,600万円となり，円表示の輸出額は減少したことになるのである。

すなわち，為替相場の上昇によって輸出量とドル建ての輸出額は減少するが，円建ての輸入額はそれ以上に減少することになるのである。

ここで，貿易収支を考えると，輸出額＝120万ドル，輸入額＝100万ドルの場合のドル建ての貿易収支は20万ドル（＝120万ドル－100万ドル）である。これを1ドル＝100円の場合の円建てで貿易収支を計算すると，2,000万円（＝20万ドル×100円/ドル）の黒字である。いま，ドル建ての輸出額と輸入額は不変であり，1ドル＝80円になったと仮定すると，ドル建ての貿易収支は20万ドルのままであり，これを1ドル＝80円の場合の円建てで貿易収支を計算すると1,600万円（＝20万ドル×80円/ドル）の黒字となり，貿易収支はドル建てでは不変であるが，円建てでは400万円の減少になるのである。

このように，為替相場の変化が貿易収支に与える影響は表示通貨によって異なり，黒字国（日本）の通貨建て（円建て）では，貿易収支黒字が減少するにもかかわらず，赤字国の通貨建（外貨建・ドル建）では貿易収支赤字は不変であり，貿易収支の改善にはなっていないという一見矛盾した結果が生ずるのである。

為替相場の変化によって貿易収支を調整しようとする場合に，輸出・輸入ともに価格弾力性が低い場合には，黒字国の通貨建てでは貿易収支の黒字が減少しているにもかかわらず，赤字国の通貨建てでは貿易収支の改善（赤字の減少）が見られないという場合が生ずることになるのである。これは「マギー効果」と呼ばれている。

第 2 章

金本位制度

1 金本位制度の歴史

1.1 イギリスの金本位制度の経験

　イギリスは金銀貯蔵国ではなく，もちろん金の産金国でもなかった。そのイギリスが金本位制を本格的にスタートさせることができたのは，イギリスを中心とするアフリカ，アメリカ，インド等の植民地と中国そしてヨーロッパ各地との国際貿易のネットワークやそれらの間の多角的決済のメカニズムが前提として機能したからに他ならないのである。

　イギリスにおける金本位制度（The Gold Standard System）の確立については，次の4つの段階に区分して考えることができる。

【第1段階（1774年）】　この年，下院は銀貨の強制通用に25ポンドの制限を課した。これは銀貨の補助貨幣化であり金が正貨となったということであった。

　しかし，1790年代のフランスとの戦争とともに物価が高騰し，イングランド銀行の金準備が激減するという事態が生じ，イングランド銀行は銀行券の兌換を停止せざるを得なくなったのである。

【第2段階（1798年）】　このような状況下において，金とは反対に銀が大陸より流入してロンドン市場で低落したため，銀地金を購入してコインに打刻を請求する人が増えたために急遽法律によって銀の自由鋳造を停止したのである。このとき，金の自由鋳造は続けられたことが金本位制を守ることになったのである。

【第3段階（1816年）】　前年の1815年はイギリスがナポレオンを破ったワーテルローの戦いの年である。いままでよりもより安定した形でロンドンを中心

に世界の秩序が編成されたのである。1816年リバプール首相の提案した「金本位法」によって，金1オンス＝3ポンド17シリング10ペンス1/2として，金を唯一の価値尺度としたのである。そして，1817年7月にはこれまでのギニー金貨に代わって，新しいソヴリン金貨が発行された。これは20シリングの価値を持つもので，第一次世界大戦の前夜まで，約100年にわたって打刻され，いわば金本位制の象徴とも言うべきコインとなったのである。

【第4段階（1821年）】　これ以後，イングランド銀行は金と等価値の物を所有しているのと全く同じこととなった。

1.2　金本位制度の変遷（金貨本位制度・金地金本位制度・金為替本位制度）

　金本位制度は，19世紀の後半から第一次世界大戦と両大戦間の一時期に世界的規模で成立していた国際通貨制度（1816〜1931年）であるということができる。国際通貨体制としては，まず金銀複本位制度があったが，純粋な意味での金本位制度には，「金貨本位制」（The Gold Coin Standard System）と「金地金本位制」（The Gold Bullion Standard System）とがある。「金貨本位制」の下では，金貨は通貨として実際の取引に通用する。「金地金本位制」の下では，100％の金準備の下で金塊に転換できる銀行券，あるいは，その他の名目貨幣から成り立っている。この銀行券は金地金に対して固定された価格で変換できる。そして，政府は貨幣用の金を保有するのである。この「金地金本位制」の下では，金と小額の国内紙幣との間の交換は行なわれず，国内的には金本位離れ，対外的には兌換を保証するという制度である。このような方法により貨幣当局は地金の蓄蔵を節約することが可能となるのである。このような制度は，「部分金本位制度」と呼ばれている。

　また，1914年以前のインドにおいては，今日では一般的となっている「金為替本位制度」（The Gold Exchange Standard System）が採用されていた。この制度は，国は金と通貨との間に直接の交換可能性を維持しないが，しかし，その国の通貨と他の国の通貨との間には固定平価によって金交換可能で

あるという制度である。このような制度においては，金を保有する必要がないために外国通貨（インドの場合にはスターリング）の保有によって利子を得ることができたのである。

以下では，金本位制度の内容について，時代順に説明を行なう。

《金本位制度（The Gold Standard System）の開始時期について》

1717年に，イギリスの当時の造幣局長ニュートンが金平価（1オンス＝3ポンド17シリング10ペンス1/2）を定めた。この金平価を1816年の法律で確認し，1844年にイングランド銀行は銀行券発行高（1400万£＋金準備）のうち，1400万£を保証準備発行高とした。このことは「ピール条例」と呼ばれている。この条例が成立することによって，イギリスにおいて世界で初めて金本位制度が採用され，19世紀半ばにはアメリカやオーストラリアで新しい金鉱が発見されたことにより金の供給量が増大し，イギリスに倣って次々と金本位制度を採用するようになったのである。主要な国としては，ドイツでは1873年，フランスは1876年，アメリカは1879年，そして日本では1897年に金本位制度が開始された。

《金本位制度の種類》

すでに述べたように，金本位制度はまず「金貨本位制度」で開始されたが，第一次世界大戦後は，「金地金本位制度」と「金為替本位制度」が並存することとなった。金本位制度がこのように変化していった大きな理由の1つとしては，「金」の必要量を節約するためであると考えられる。すなわち，世界経済の拡大につれて，国際通貨の条件の1つでもある希少性がそれぞれの段階で障害となっていくからである。

以下では，金本位制度の3種類について，それぞれの制度の特徴を説明する。

《金貨本位制度（The Gold Coin Standard System）》

この制度の下では，金貨を発行（Legal Tender）しており，国内では紙幣

と金貨を使用していた。紙幣は金貨と無制限に交換可能（金兌換可能）であり，金貨を金地金に戻したり，金地金を金貨に鋳造したりすることも自由であった。

《金地金本位制度（The Gold Bullion Standard System）》

　この制度の下では，金地金そのものが主役であった。国内では紙幣と金貨以外のコイン（金貨の鋳造や発行は禁止）が使用され，紙幣の金貨への兌換は禁止されていたが，金地金とは無制限に交換可能であった。つまり，対外決済には「金」を使用し，国内では極力「金」を使用しないようにしたのである。

　国内の通貨発行量（M）は金保有額（G）に比例しており，$M=αG$（$α$ は定数）で表される。もし，貿易収支が悪化（赤字化）した場合には，「金」が海外に流出し，国内の金の保有量の減少によって国内の貨幣発行量が減少する。そのために，国内の物価水準が下落し（デフレ），輸出財価格の下落と輸入財価格の上昇によって，輸出の増大と，輸入の減少が生じて，貿易収支は改善されるのである（「正貨移動の理論」参照）。

《金為替本位制度（The Gold Exchange Standard System）》

　金本位制度を継続しているのは（金と結びついているのは），アメリカ・ドル，イギリス・ポンド，フランス・フランの3ヵ国の3通貨だけであり，それ以外の国々は，中央銀行に準備通貨として外国為替の保有（金地金本位制度以上の制度を採用している国の通貨建ての短期債権）を認められ，対外決済の際には金ではなく，金為替で行なわれることになった（ジェノア会議）。

　「金為替」とは，対外決済のために中央銀行が「金」の代わりに外国為替（金兌換を認める通貨に対する請求権）を発行したものを指す。金兌換を認める通貨とは，上記した3通貨（ドル，ポンド，フラン）のことである。

　「金地金本位制度」と「金為替本位制度」の関係を図で示すと，以下の図Ⅱ.2.1のように表わすことができる。

　また3つの金本位制度の特徴を比較して表わした表が，次の表Ⅱ.2.1である。

図Ⅱ.2.1 「金地金本位制度」と「金為替本位制度」の関係

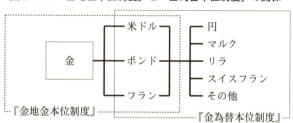

表Ⅱ.2.1 3つの金本位制度の特徴の比較

	金平価設定	金貨流通	金兌換	自由鋳造	金輸出	対外決済手段	通貨準備
金貨本位制度	○	○	○	○	○	金	金
金地金本位制度	○	×	○	×	○	金	金
金為替本位制度	○	×	×	×	×	金為替	金+金為替

2 金本位制度の基本的構成要素

以下の議論では,「部分金本位制度」を前提として説明する.

2.1 金本位制度の3つのルール

金本位制度の基本的な構成要素,すなわち,金本位制度が十分機能するための基本的なルールとしては,次の3つの構成要素が重要である.

(1)「金平価の設定」
(2)「金兌換」
(3)「金準備」

(1) **金平価**(parity);金平価を設定するとは,各国が自国の通貨単位の価値を金を基準にして定めるということである.すなわち,一定の重さの金

に対して自国通貨の平価を固定(固定相場制度)することである。

最も極端な形としては、自由貨幣鋳造制(自由貨幣鋳造の原理)を認め、金そのものを金貨として流通させる方法がある。この自由貨幣鋳造の原理とは、金貨鋳造に必要な材料と製造費用を支払う限り、誰でも造幣局から好きなだけの量の通貨を手に入れることができる。また、硬貨を溶解することもできるという制度・原理である。

(2) **金兌換**(convertibility);金兌換制度とは、中央銀行が金準備を裏付けにして自国の銀行券の発行を行ない、(中央銀行が自分で発行した)銀行券を提示したものに対してはいつでも同額の金の兌換に応じる制度である。このためには、国の内外において自由な金の取引を認めなければならないのである。

実際の金兌換の制度についての説明のためには、「金現送点」、「金のプール制」や「金の二重価格制度」(貨幣用金と商品としての金と関係)についての説明が必要である。

(3) **金準備**(発券制度);金本位制度においては、経済に流通している銀行券の額に応じて一定の金準備を保有することが必要となる。これを金準備制度という。そのために、中央銀行は銀行券の発行高に対して一定比率の金(あるいは、金と交換できる外貨)を保有しなければならないのである。逆に言えば、金準備に準備率を乗じた額以上の銀行券を発行できないという制度である。このような制度は、比例準備制度と呼ばれる。

2.2 金本位制度の調整機能

D. ヒュームやアダム・スミス、J. S. ミル以来、金本位制度の調整機能としては、次のような調整機能があると考えられてきた。外国為替市場の短期的均衡とその調整過程の説明としては「金現送点」との関係から為替相場は一定の範囲内において変化すること、長期均衡については、国際収支の不均衡に応じて国際間に金が移動することによって物価が変動するために、長期均衡が達成されると説明されてきた。

┌─《2つの調整メカニズム》─────────────────┐
│ ・短期均衡メカニズム ； 金現送点（金輸入点・金輸出点） │
│ ・長期均衡メカニズム ； 正貨移動の理論   │
└───────────────────────────┘

《短期均衡メカニズム》

　為替相場の短期均衡調整過程は，金現送点（gold points）との関係から次のように説明される。先に説明したように，金本位制度においては，各国の通貨の金に対する平価が設定されている。しかし，国際貿易などの経常的な取引による外国為替の決済のために取引される外国為替相場は，その平価の周辺で変動しているのである。

　すなわち，日々の為替相場は外国為替市場における外国為替の需給によって決定される。しかし，この金本位制度における為替相場には，上限（金輸出点）と下限（金輸入点）とがあり，為替相場はこの限られた範囲内で変動することになるのである。このような意味から，金本位制度は固定相場制度であるということができる（図Ⅱ.2.2参照）。

図Ⅱ.2.2　金現送点と為替相場の変動

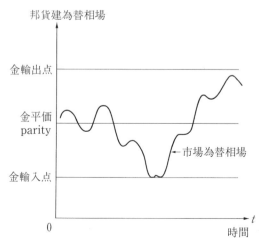

この金現送点(金輸出点と金輸入点)の幅は,相手国の金の輸出量にかかる輸送費や輸送の保険料,そして中央銀行での兌換手数料の水準によって決定される。

いま,為替相場がある範囲を越えるならば,たとえば,邦貨が極端に減価した場合に,外国為替の需要者はその為替市場の不利な相場で交換(外国為替を購入)するよりも,通貨を中央銀行で金と兌換して,その金を外国に送り(金現送),外国でそれを相手国の通貨と交換して決済に利用するほうが有利となる。この時の金の輸送に必要な輸送費用(運賃や保険料,輸送期間中の利子)を金現送費という。

また,このような為替相場の水準の下限(邦貨にとっての)を「金輸出点」(gold export point)という。このとき,「金輸出点=平価+金現送費」となるのである。

逆に,邦貨が極端に増価した場合には,外国為替の供給者はその為替市場の不利な立場で交換(外国為替を売却)するよりも,通貨を相手国の中央銀行で金と兌換して,その金を外国に送り,それを自国の通貨と交換して決済に利用するほうが有利となる。このような為替相場の水準の上限(邦貨にとっての)を「金輸入点」(gold import point)という。この場合には,「金輸入点=平価−金現送費」となる。

《具体例》

ここで,金平価と,輸送費を次のように仮定し,(1)円安・ドル高になった場合と,(2)円高・ドル安になった場合について具体的に考えてみると,以下のように説明することができる。

- 金平価;1 $ = 1,500 mg の金
  1 円 = 750 mg の金 ┘→ 1 $ = 2 円(ドルと円の為替平価)
- 輸送費;(1ドル分= 1,500 mg の金につき)0.5 円

(1) いま,輸入が増大することによって,ドル為替需要が増大し,円安・ドル

高になった場合（1＄＝2円→1＄＝3円）に，輸入業者が1万＄分輸入すると，為替相場の変化によって，この輸入業者はドルで支払うと1万円の損失が生じることになる。

　　1万＄＝2万円　→　1＄＝3万円（ドルで支払うと1万円の損失）

しかし，国内で金を購入し，相手業者に金で支払った場合には，輸送費を考慮しても5千円の損失で済むことになる。

　　2万円分の金（2万円×750 mg＝15 kgの金）＋　5千円（輸送費）
　　　　　＝　2万5千円　（金で支払うと5千円の損失）

このことから，輸入業者にとっては，ドル為替ではなく金で支払うことにより為替差損（為替リスク）を小さくすることができるようになり，外国為替市場においては，金が流出（相手国にとっては金流入）する代わりにドル為替の需要が減少することによって，為替相場が安定することとなるのである（図Ⅱ.2.3参照）。

この金の輸出は為替相場が（為替平価＋輸送費）よりも減価した場合に行なわれることになり，この為替相場の水準の下限（邦貨にとっての）を「金輸出点」（gold export point）と言う。また，この時の金の輸送に必要な輸送費

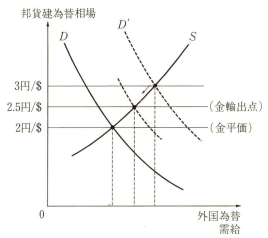

図Ⅱ.2.3　金輸出点

を金現送費という。

(2) いま,輸出が増大することによって,ドル為替供給が増大(円為替需要が増大)し,円高・ドル安になった場合(1＄＝2円→1＄＝1円)に,1万＄分輸出した輸出業者の受け取る代金は,為替相場の変化によって,この輸出業者はドルで受け取ると1万円の損失が生じることになる。

　　　1万＄＝2万円　→1＄＝1万円　(ドルで受け取ると1万円の損失)

しかし,輸送費を輸出業者が負担するという条件で,相手業者に金で支払ってもらう場合には,輸送費を考慮しても5千円の損失で済むことになるのである。

　　　1万＄分の金(＝15kgの金＝国内では2万円)　－　5千円(輸送費)
　　　　＝　1万5千円　(金で受け取ると5千円の損失)

このことから,輸出業者にとっては,ドル為替ではなく,金で受け取ることにより,為替差損(為替リスク)を小さくすることができるようになり,外国為替市場においては,金が流入(相手国にとっては金流出)する代わりにドル為替の供給が減少(円為替需要が減少)することによって,為替相場が安定することとなるのである(図Ⅱ.2.4参照)。

図Ⅱ.2.4　金輸入点

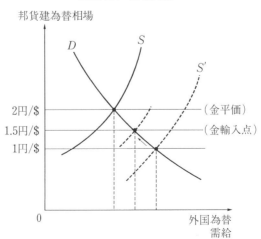

この金の流入は為替相場が（為替平価－輸送費）よりも増価した場合に行なわれることになり，この為替相場の水準の上限（邦貨にとっての）を「金輸入点」（gold import point）と言う。

以上から，短期均衡メカニズムは金の移動によって調整されることが分かる。

《短期均衡メカニズム》
「金輸出点 ＝ 平価 ＋ 金現送費（輸送費）」
「金輸入点 ＝ 平価 － 金現送費（輸送費）」

《長期均衡メカニズム「物価と正貨移動の理論」》

「正貨移動の理論」（price-specie-flow-doctorine）とは，各国の国際収支の状況に対応して正貨（金）が国際間を移動する（売買される）ことにより，国内の物価水準が変化し，国際収支の不均衡が自動的に調整されるというメカニズムが金本位制においては存在するということを説明しているものである。

いま，ある国の輸出が増加し，国際収支が黒字になったとすると，国際的な決済のための正貨移動によって金が輸入されて国内の金準備が増加する。金本位制のルールによって金の保有量の増大を反映して国内の通貨供給量は増大し，貨幣数量説に従うとやがて国内の物価水準が上昇するために，国内で生産される輸出財価格が上昇するために輸入財との間の相対価格が変化（交易条件の有利化）し，輸出が減少し輸入が増大するようになる。これにより，国際収支の黒字が減少し，やがて国際収支の均衡が達成されるようになるのである。

以上のメカニズムは，図Ⅱ.2.5a のような流れ図で説明することができる。

図Ⅱ.2.5a　物価と正貨移動の理論（黒字国の場合）

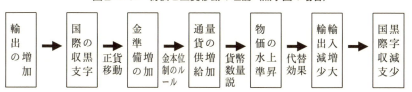

図Ⅱ.2.5b 物価と正貨移動の理論（赤字国の場合）

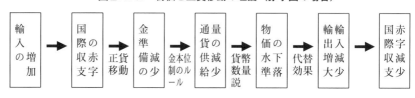

前の説明とは逆に，ある国の輸入が増加し，国際収支が赤字になったとすると，国際的な決済のための正貨移動によって金が輸出され，国内の金準備が減少する。金本位制のルールによって金の保有量の減少を反映して国内の通貨供給量は減少し，貨幣数量説に従うとやがて国内の物価水準が下落するために，国内で生産される輸出財価格が低下するために輸入財との間の相対価格が変化（交易条件の不利化）し，輸出が増加し輸入が減少する。これにより，国際収支の赤字が減少し，やがて国際収支の均衡が達成されるようになるのである。

以上のメカニズムは，図Ⅱ.2.5bのような流れ図で説明することができる。

2.3 モデルによる説明

国際収支の長期均衡については，以上のような調整機能に関する説明が可能であるためには，物価と賃金が伸縮的であり各国の通貨当局が金本位制のルールを守るという前提が必要である。また，この理論は貨幣面では貨幣数量説を，実物面では常にほぼ完全雇用水準の状態が達成されるということを前提としているのである。

このような調整機能を説明するモデルとして，古典派経済学の貨幣数量説を考えることができる。いま，$M=$ 国内貨幣供給量（国内通貨発行残高），$T=$（一定期間の）経済全体の総取引量，$P=$ 国内財の平均価格水準，$V=$ 貨幣の流通速度とすると，フィッシャー型（取引型）の貨幣数量説は次のように表わされる。

$$MV = PT \tag{Ⅱ.2.1}$$

この（Ⅱ.2.1）式は一定期間に財・サービスを購入するために支出される貨幣額は，その財・サービスを販売する企業などの経済単位が受け取る貨幣額に等しいということを表わしている。

金本位制度のルールによって，国内の通貨供給残高 M は金 G と外貨準備 M_F の和の一定倍数 α の額を発行しなければならないことから，α＝金準備率の逆数，G＝金保有量，M_F＝外貨準備量とすると，国内の通貨供給残高は，次の（II.2.2）式のように表わされる。

$$M = \alpha(G + M_F) \tag{II.2.2}$$

また，B＝国際収支，X＝輸出額，IM＝輸入額，P＝国内財価格，P_{IM}＝輸入財価格，p＝交易条件とすると，国際収支 B は，次の（II.2.3）式のように表わされる。

$$B = pX(p) - IM(p), \quad p = P/P_{IM} \tag{II.2.3}$$

いま，説明の便宜上，輸入物価水準 P_{IM} は一定不変であり，$P_{IM}=1$ とすると，$p=P$ となる。また，中央銀行は外貨は保有せず，すべて金で保有すると想定すると，国内の貨幣供給量の変化の大きさは国際収支の大きさと等しくなる。

$$\dot{G} = B$$

また，国内の物価水準 P は（II.2.1）式によって決定されるから，国際収支と国内の物価水準との関係は，次のように定式化することができる。

$$\dot{G} = pX\left(\frac{\alpha VG}{T}\right) - IM\left(\frac{\alpha VG}{T}\right) \tag{II.2.4}$$
$$\phantom{\dot{G} = pX}(-) (+)$$

ここで，（　）の中の符号は，物価が上昇したときに輸出が減少すること，輸入が増大することを示している。

この式を G で微分すると，次の（II.2.5）式が導出される。

$$\frac{d\dot{G}}{dG} = X' - IM' < 0 \tag{II.2.5}$$

国際収支の黒字による金の増大は，国内の物価水準を上昇させ，輸出額を減少させて輸入額を増加させることによって，国際収支を安定化させることが説明される。すなわち，上の式は金本位制の3つのルールが守られるならば，安定条件が満たされることが示されるのである（図II.2.6参照）。

図Ⅱ.2.6　金本位制の調整メカニズム

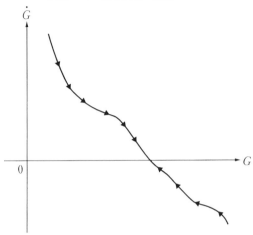

2.4　現実的な経験

しかし，古典的な金本位制度の下においても，実際には国際収支の調整は必ずしもこのような物価変動を通じて行なわれていたわけではなく，むしろ利子率（公定歩合）の変化によっていたとも考えられている。

イングランド銀行は，金本位制度の下でもわずかの金しか保有しなかったと言われている。もしも金準備が不足しそうな場合には，イングランド銀行は公定歩合を上げて短期資本流入を図ることによって対処していたとされている。しかし，このことは同時代のドイツやフランスの中央銀行の例と比べても分かるように，イギリス経済，特にイギリスの金融制度の特殊性から可能であったと考えられている（J.M.ケインズ『インド通貨』）。

金本位制度においては，平価の変更はなく外国為替市場の変動は小さかったため，為替リスクはごくわずかであった。このような利子率の変化は，利子率を高くすれば，短期資金が流入し資本収支は黒字となる。また，短期利子率の上昇によって在庫投資や輸入の費用が上昇するために，在庫・輸入量は減少するというメカニズムが存在したとされているのである。

図Ⅱ.2.7 公定歩合政策

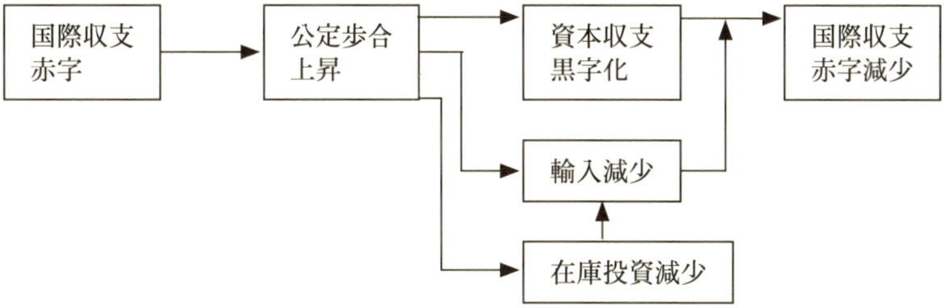

以上のように，国際収支の不均衡（赤字）が生じた場合には，正貨移動の理論に従って金を移動させるのではなく，公定歩合政策によって短期資本の流入を図り，イギリスの金準備を安定化させる調整によって，イギリスの信用は完璧なものとなったのである。

このような公定歩合操作によるイギリスの金本位制維持のメカニズムは，図Ⅱ.2.5aや図Ⅱ.2.5bの流れ図に代わって，図Ⅱ.2.7のような流れのメカニズムとなるのである。

2.5 「通貨主義者」と「地金主義者」との論争・ピール条例

金本位制をめぐっては，周知の「通貨主義者」と「地金主義者」との論争が有名である。

オーバーストン，トレンズらによって主張された「通貨主義」とは，通貨がコインのみの場合にはその量は自動的に調整されるが，コインと兌換銀行券がならんで通用する場合にはその量はコインだけの場合と同様に変化させるべきであるから，銀行券の発行は外国為替の状況に従い調整されるべきであるという立場である。これに対して，トックやフラートン等によって主張された，「地金主義」とは，市場の必要が発券量を完全に決定するであろうし，それ以上に銀行は銀行券を強制的に通用させることは不可能であるから，もし銀行券の兌換が維持されれば銀行券の増発によって物価騰貴や投機が盛んになるということはありえず，したがって，銀行券の発行を制限する必要はないという立場である。

イギリスが選択した立場は，「通貨主義者」による保証発行直接制限法であり，1844 年の「ピール条例」はこれを明確化し，金本位制をめぐる諸問題に決着を与え，イングランド銀行は名実ともにイギリスの中央銀行となったのである。

《ピール条例》

(1) イングランド銀行は発券部門と銀行部門とに分けられ，発券部門は 1400 万ポンドの価値のある証券とイングランド銀行のすべての金貨と金地金を引渡し，銀行部門は発券部門に引き渡した証書，金貨，地金に相当する金額の銀行券を引き渡す。そして，イングランド銀行は 1400 万ポンド以上は，金貨，地金の準備なくしては 1 枚の銀行券も発行できないとされた。

(2) もし，発行権を保有している銀行がこの特権を行使することを停止したときは，イングランド銀行は回収された銀行券の 3 分の 2 を越えない金額だけ，その発券部に証券の額を増加する権利を与えることとする。これは地方銀行の発券特権の継承を意味している。

(3) イングランド銀行は，その銀行券に印紙税を免除された。その代償として政府に納入する 13 万ポンドが 18 万ポンドに増額された。

(4) 何人も，1 オンスにつき 3 ポンド 17 シリング 9 ペンスの割合の標準金と引換えに銀行券を請求する権利が与えられた。これは，イングランド銀行が 1 オンスにつき 3 ポンド 17 シリング 10.5 ペンスで金を売却するとともに，1 オンスにつき 3 ポンド 17 シリング 9 ペンスで提出されるすべての金を購入するということであった。

3 金本位制度の崩壊

《金本位制度のもとでの物価の安定性》

　第一次世界大戦以前の約40年間，世界経済において物価は比較的安定的に推移した。このことから，「通貨は金という metal に結びついてこそ，その通貨の価値は安定的であり，金に基礎を置かない貨幣制度は本来的にインフレ的である」という認識が生まれた。しかし，この物価水準の安定性は各国の中央銀行が通貨と金の兌換性を守るために，すなわち，通貨と金との交換性を維持するという制約のために，各中央銀行がマネー・サプライの秩序を維持したことが，金本位制度において物価は安定的であったことの本当の理由であった。

《金本位制度の崩壊》

　以上の各節で説明したように，金本位制度の3つの構成要素が実現するように，加盟国がそれぞれ以下のルールを守ることによって金本位制度の国際的調整機能が発揮されるのである。
　(1) 国内通貨の供給量と金＋外貨準備（保有量）との関係を適切な水準に維持する。
　(2) 金現送点の維持（公定歩合政策や手形割引政策などによる介入をしない）
　(3) 通貨発行量の適正化，物価による調整機能の必要性
　しかし，国際経済の規模が拡大するにつれて，その希少性ゆえに国際通貨となっていた金の絶対量の不足が障害となり，できるだけ金の使用を節約することができるような制度（金貨本位制度→金地金本位制度→金為替本位制度）へと変遷していくことになった。さらに各国の政策当局がこのような金本位制度のルールに縛られることは国内均衡を犠牲にすることであり，金本位制度は国内のとりわけ，完全雇用政策とは両立しないことになるのである。すなわち，政策当局が国内利益を最優先しようとする場合には，金本位制度のルールを守ることができなくなるのである。

特に，金本位制度を始めた世界経済の中心であったイギリスにおいて，1925年以降の貿易収支の赤字は大幅に拡大していた。金本位制度のルールに基づくならば，金を輸出することによって金準備を減少させ，国内の貨幣供給量を減少させることによって国内の物価水準を下落（デフレ化）させて，国際収支（貿易収支）の改善を図る必要があったのである。他方，他の国々は物価水準の上昇（インフレ化）させる必要があった。しかし，現実においてイギリスの政府当局は金を輸出することによって貿易収支の改善を図ることはせずに，公定歩合を引き上げることによって資本収支の黒字化を図り，貿易収支の赤字を資本収支の黒字で補うことによって国際収支の改善を図るという政策をとったのである。

このようにして，金の流出を防ごうとすることによって，金本位制度のルールは守られなくなっていったのである。

また，1929年10月の世界的な大恐慌が発生したことにより，世界の貿易量は大幅に減少し，特に第一次世界大戦の敗戦国となり巨額の賠償金を抱えていたドイツにおいては対外累積債務が増大することになった。このような状況下のドイツにおいて金融不安による取りつけ騒ぎが起こり，ドイツに対して多額の債権国であったイギリスにもその影響は波及し，世界中の銀行や企業が先を争ってポンドを金に兌換しようとしたため，このことが決定打となってイギリスは金流出を防衛することに失敗して，ポンドの交換性を停止せざるを得なくなったのであった（1931年9月金本位制停止）。

イギリスが金本位制度を停止した影響は当然アメリカにも波及し，すでに金本位制を放棄することとなった英ポンドなどの通貨に対して米ドルの為替相場が割高となってしまったためにアメリカの輸出は大幅に減少し，アメリカ国内の不況を一層深刻なものとしていったのである。このような状況の下でアメリカのルーズベルト大統領は1933年4月に金本位制度を停止し，翌年の1月には米ドルの金平価切り下げ（1オンス＝35＄）を行ない，国内の経済を建て直すために，大規模な内需拡大政策（ニューディール政策）を行なうことになったのである。

また，フランスはベルギー，イタリア，オランダ，スイスなどのヨーロッパ諸国と金ブロックと呼ばれる金地金体制に立ち戻る体制をとることによって金準備を増大させ，金本位制度を維持しようとしたが，世界中の金本位制度停止の流れに逆らい切れずに1936年9月に金本位制度を停止し，事実上金本位制度が崩壊することになったのである。この頃，世界各国は1930年代に為替相場の切り下げ競争に走り，平均40％前後，日本やアルゼンチン，メキシコ，コロンビアなどはさらに大きな為替相場の切り下げを行なったのである。そして，自国の経済を建て直すためにヨーロッパ諸国はブロック経済などの保護主義の政策を優先させ，対外均衡のための政策を疎かにしていたのである。

　このような状況の下で，1936年10月にイギリス，アメリカ，フランスの3ヵ国は「三国通貨協定」を締結させた。この協定は，3ヵ国が為替相場の変動を抑制し，かつ競争的切り下げを避けることに努力するというものであった。具体的には，1日の間だけは3ヵ国間はそれぞれ決定する金平価を通じて安定させるというものであり，24時間金本位制とも呼ばれた。しかし，この協定も1939年の第二次世界大戦の勃発によって崩壊したのであった。

　以上のように，第一次世界大戦以後の世界経済においては，物価や賃金は硬直的となり，しかも，完全雇用が各国の経済政策の国家的に主要な政策目標として考えられるようになった。このようなときに，硬直的な金本位制度は各国の国内政策と両立しないようになったために，各国にとって金本位制度は望ましくない足枷と考えられるようになった。このため，各国は「金本位制度のルール」を守る必然性はなくなったのである。このような要因が，金本位制度の崩壊の根本的な原因となったのである。

第3章

ブレトン・ウッズ体制（旧 IMF 体制）

1 ブレトン・ウッズ体制（IMF・GATT・IBRD）

　1931年にイギリスが金本位制度を停止させ，さらに1936年にフランスが金本位制度を停止することによって，事実上，金本位制度が崩壊した。その後，各国の為替当局は「三国通貨協定」などの政策によって為替相場の安定を図ろうとしたが有効な手段はなく，第二次世界大戦が開始されることによって世界経済が崩壊するまで，安定した世界経済を行なうための新しい通貨体制のために国際機関の提言は行なわれなかった(注1)。そのため，各国は自国通貨の為替相場の切下げや輸入関税の引上げ，そして輸入数量の制限などを行なったために，国際貿易と外国為替市場は混乱することになった。このことは，世界恐慌が発生した一因であったとも考えられているのである。このために，世界経済においては生産活動・貿易活動が縮小し，世界経済の分解・ブロック化が進んでいった。また，このような世界経済の混乱状態の下で第二次世界大戦が勃発し，世界経済が崩壊したことから，第二次世界大戦中に連合国側は，戦後の為替相場の安定と貿易の拡大を妨げる為替制限の除去を目的とした新たな世界経済体制について検討を続け，第二次世界大戦終了以前の1944年7月にアメリカのブレトン・ウッズにおいて「連合国通貨金融会議」（ブレトン・ウッズ会議）が開かれた。この会議では第一に，経済成長と完全雇用を実現するために，国家が経済に介入し，福祉国家を建設するとともに，第二に，安定した国際経済秩序を創造することによって，破壊的な経済ナショナリズムへの回帰を阻止することを目的として，戦後の国際通貨体制の秩序を守るために国際協力の基礎を築くことが提案され，次の3つの国際機関の設立が決定されたのである。

> 《3つの国際機関》
> (1) 国際復興開発銀行［IBRD；International Bank for Reconstruction and Development, 現在は世界銀行（World Bank）］
> (2) 国際貿易機構［ITO；International Trade Organization］
> (3) 国際通貨基金［IMF；International Monetary Fund］

(1)の国際復興開発銀行（IBRD）は，1945年にヨーロッパなどの先進国間の金融制度の再建のために設立（1946年に業務開始）され，その基本的特徴は投資対象を自ら設定し，開発を目的とする投資を実施し，民間資本の投資に参加し，その民間投資に保証を与えることで民間国際投資を誘発し刺激するものである。しかし，貸し出し能力は限られたものであり，ヨーロッパ復興計画基金（一般に「マーシャル援助」と呼ばれている）からの資金提供を受けていた。そのため，低開発国への援助の資金は国際金融公社や国際開発協会のような機関によって補足されなければならなかったのである。

(2)の国際貿易機構（ITO）は，戦後の世界貿易体制を確立するために設立された国際機関である。しかし，その憲章であるITO憲章（ハバナ憲章）が戦後の疲弊した世界経済状態にあって，あまりにも理想的で非現実的な内容（世界各国の国内完全雇用を国際的に達成しようなど）であったために，提唱国であるアメリカをはじめ多くの国によって批准を得ることができなかった。そのため，ITO憲章の中から関税および貿易に関する規定を切り離し，これを協定とすることにより暫定的な国際貿易に関する取り決めとしたものが，「貿易と関税に関する一般協定」としてのGATT（General Agreement on Tariffs and Trade）である。このGATTは1947年に成立した。そして，日本は1955年に加入した。

(3)の国際通貨基金（IMF）は，加盟国間で自由・多角的・無差別な国際決済制度の樹立を目的とした国際機関であり，包括的な国際条約によって国際決済の基本的なルールを確立し，国際通貨問題について各国が協議する公式な場として1946年に発足して，日本は1952年に加入した[注2][注3]。

以上の3つの国際機関の創設に関する基本的な合意が得られた地名から、戦後の世界経済体制は、ブレトン・ウッズ体制（The Bretton Woods System）とも呼ばれるようになったのである。

2　旧IMF体制（固定相場制度）

《IMF協定》

IMFは、IMF協定の下で国際決済と国際通貨問題とを扱う国際専門機関である。そしてこの協定は同時に、"Articles of Agreement of the IMF"と言う1つの国際条約でもある。この協定の主たる目的は、次の5つである。

(1)国際通貨問題の協力機関となること。

(2)国際貿易の拡大均衡を助長し、それによる経済成長、雇用の増大を図ること。

(3)為替の安定、切下げ競争の防止

　輸出や雇用を増加させるための為替相場切下げ競争を回避して、為替相場の安定性を確保すること。

(4)多角的決済制度の樹立と為替制限の撤廃

　為替管理やその他の形での保護政策やデフレ的政策を排除し、加盟国相互間の自由・多角的・無差別な国際決済の体制をつくること。この目的を実行するために、IMFは国際的に受け入れ可能な流動資産の供給において必要な増加額を常に供給しなければならない。また、各国の完全雇用と世界経済の貿易量の増大を両立する安定的な為替レートを設定しなければならないのである。

　ここで、為替管理とは、輸入割り当てや対外支払いのための外国為替の供給を制限する直接的管理のことを意味する。

(5)IMF資金による国際収支調整の機会の提供

以上の目的を実現するために、IMF協定参加国は、次のような提案に同意することが必要であった。

① 国際収支の全領域について均衡を生みだすような為替平価の機構，平価変更の秩序ある手続きを確立すること。
② 短期の債務国が当座の債務を支払うために，また，平価を維持するために通貨の共同プールを準備すること。
③ 借り手が返済するための十分な時間の猶予を行なうこと。

《固定相場制度と SDR（特別引出権）》

　IMF 協定は，1 つの基金（Fund）である。そして，その出資割合をクォータ（quota）と言い，各国の国民所得（1987 年より GDP），貿易，通貨準備高の規模によって決定される。出資の方法は自国通貨建てで 75%，準備資産（金），自国通貨以外の交換可能通貨，SDR，IMF リザーブ・ポジションで残りの 25% を拠出するというものである。また，IMF が保有する自国通貨が出資金の 2 倍になるまで，自国通貨で外貨，すなわちドルを買い入れることを認めたのである。

　IMF 協定においては，問題を議論するために IMF の年次総会が開催されるが，議決のための投票権は加盟国 1 国当たり 1 票ではなく，配当額の大きさに比例している。IMF 加盟国は当初 44 ヵ国であり，全出資額は 80 億ドルで開始された。2013 年現在，ロシアなど旧ソ連諸国を含めて 188 の国と地域が加盟している。主要国の出資比率（quota）は，加盟国の世界的な相対的地位（経済力）によって異なっており，2010 年 12 月の総務会（第 14 次見直し）前は，アメリカが 17.1%，日本が 6.1%，ドイツが 6.0%，フランスとイギリスがそれぞれ 4.9%，中国が 3.7% であったが，2010 年の総務会決議（ただし，未発効）により，アメリカが 17.4%，日本が 6.5%，中国が 6.4% と増加し，ドイツは 5.6%，フランスとイギリスがそれぞれ 4.2% へと減少した。さらに世界的な金融危機に対応するために，全出資総額をこれまでの約 2,384 億 SDR から，約 4,768 億 SDR へと倍増させる予定である。

　1SDR＝約 169 円（2016 年 1 月現在）

　旧 IMF 制度の目的は，(1)為替相場を安定させるということ，そして，(2)貿

易の拡大を妨げる為替管理を除去するということである。そのための IMF 制度の構成要素としては，主に次の3つの内容が重要である。

(a) 金を基礎とした「調整（変動）可能な釘付け制度」（adjustable peg）
(b) 通貨の交換性（convertibility）
(c) 短期融資制度と SDR

以下では，これらの項目について説明する。

(a) 「調整可能な釘付け制度」（adjustable peg）
《平価（par value）》

加盟国は自国の通貨について為替平価（exchange parity）を定め，それを金または（1944年7月1日当時の量目と純分を有する）米ドルに対して表示することが定められた。米国はこの規定によって金1オンス＝35ドルという平価を定め，他の国は米ドルに対して平価を定めたのである（イギリス；1ポンド＝4.0306＄，フランス；1＄＝119.107フラン，西ドイツ；1＄＝4.20DMなど）。これは，1ドル＝0.888671グラムであり，この価格に所定のマージンを加えて，アメリカ政府は金を買い入れるとともに，外国通貨当局に売却するということである。これは金と交換されるドルを媒介として各国通貨は金とリンクすることになり，したがって，それが自由交換される限りは，ドル為替を準備とする金為替本位制が成立したことを意味していたのである。

《市場相場の変動幅》

各国は自国内での直物為替取引が平価から計算される parity の上下1％の範囲内で行なわれるようにしなければならないと決められており，日本は1952年に IMF に加盟が認められて1ドル＝360円という平価が設定された。1963年4月までは上下各0.5％の変動幅を，その後は，上下各0.75％の変動幅を採用していたのである。

金本位制度の場合には，金の自由な輸出入によって為替相場を金現送点の範囲内に押さえるメカニズムが存在していた。これに対して，管理通貨体制のも

とでは、この「金現送点」は存在せず為替相場は無制限に変動することになるのである。このために、中央銀行の為替相場への介入の義務を規定することにより、直物レートの変動幅が明確に設定されたのである。

直物相場の安定義務には例外規定（旧IMF協定第4条第4項）があり、通貨当局が国際決済のために金を平価に基づく一定の価格で自由に売買している国は、外国為替市場への介入が免除されていた。この例外規定を援用したのが米国である。米国は自国民の貨幣用金としての保有を認めず、しかし、外国政府・中央銀行が国際決済のために米ドルを提示した場合には、これを金と交換する（1オンス＝35ドル）ことを実施していた。これは、金本位制度の名残であるということができる。

また、先物市場の変動幅については「reasonable な範囲内」と決められていたが、事実上の制限はなかった。

《平価変更の手続き》

IMF制度の固定相場制における平価の変更には、次のような手続きが必要であった。

(1) 当該加盟国が提議する。
(2) 加盟国は基礎的不均衡（fundamental disequilibrium）に陥ったときにのみ提議することができる。
(3) 当初の10％以内の変更についてはその国の通達に対して実施され、IMFは異議を唱えない。10〜20％の変更については、IMFは72時間以内に返事をする。20％以上の変更については、それ以上の時間をかけてもよい。
(4) IMFの反対にもかかわらず平価を変更した国については、IMFからの借り入れの資格を失う。

旧IMFの時代に、イギリスは1949年と1967年の2回平価を切下げた。また、フランスは5回の切下げを、イタリアは3回、そしてドイツは1961年、1969年の2回平価を逆に切上げた。また、カナダは1951年から1962年まで

変動相場制度を採用したのである。IMF 制度創設以来 1971 年まで，アメリカと日本だけが平価を変更しなかったのである。

《黒字国に対する制裁》

IMF 制度のもとでは，不断の債権国（国際収支の黒字国）に対しては，外国為替市場での不均衡状態に対する責任ある部分を負担しなければならないことが明確にされている。それは，「希少通貨（scarce currency）の宣言」という一種の制裁措置である。IMF でこの宣言が決議されると，その国に対して差別的な輸入制限を実施し，黒字を改善するように勧告することができるようになっていた。しかし，この宣言は 1 度も発動されることはなかった。1960 年末から 1971 年まで日本と旧西ドイツの等の国際収支黒字に対して非難は集中していたが，米国は一方的に旧 IMF を破壊する行為に出たのである。

(b) 通貨の交換性（convertibility）

IMF 制度においては，自由，多角的，無差別な貿易，投資，国際決済を理想として掲げていた。しかし，通貨の交換性に無制限な義務を課していたわけではなかったのである。旧 IMF 体制のもとでの通貨の交換性には，次の 2 通りがある。

①各国の民間の経済主体が市場で取引する場合の他国通貨に対する交換性
②外国の政府，中央銀行が保有する自国通貨の残高に対して交換する義務

①の各国の民間の経済主体が市場で取引する場合の他国通貨に対する交換性について，経常取引に対しては為替制限をしてはならないものであった。旧 IMF 体制においては資本移動，特に短期の資本移動については不安定的要因であると考えられていたことから，むしろ規制しようとする傾向が強かったということができるが，資本取引の為替制限については何の規定もなかったのである。貿易については，IMF よりも GATT が主たる管轄であった。投資については，経済協力開発機構（OECD；Organization for Economic Cooperation and Development）の「資本移動の自由化コード」が一定の規

定を示していた。

【14条国】

戦後の復興期には,経常取引についても為替取引を制限してもよいという規定(14条)があった。これを適用する国を14条国という。当初これを適用しなかった国は,戦争の被害がなかったアメリカやメキシコなどの数カ国にすぎなかったのである。

【8条国】

通貨の交換性の回復の主たる内容は,14条国から経常取引について為替取引を規制しないという一般的な義務を受け入れる8条国に昇格することである。すなわち,IMF協定の第8条とは,「差別的通貨措置の回避」についてであり,双方協定やバーター取引などを禁止するものである。つまり,外国保有の自国通貨に交換性を持たせることである。具体的に言えば,日本がイギリス(8条国)に輸出することによって得た英ポンドを公定相場で米ドルなどの希望する通貨に自由に交換することができるということである。相手国が14条国である場合には,その当該通貨を公定相場で自由に他の外国通貨と交換することはできない。欧州の主要12ヵ国は,1960年前後には8条国になっていた。これは欧州決済同盟(EPU)によるものである。日本は1963年に8条国に移行した。現在,8条国はほとんど先進工業諸国であり,8条国に移行していない途上国などは14条国と呼ばれている。

②の外国の政府,中央銀行が保有している自国通貨の残高に対して交換する義務についてIMF体制加盟の外貨保有国は,㈠その残高が「最近の経常取引」の結果として取得されたものであるとき,または,㈡経常取引の支払いのために必要な時に限りそのIMF加盟国は,その要請をした国の通貨あるいは金によって交換しなければならないという規定がある。これは,外国保有の自国通貨の残高の買入義務の規定である。しかし,これは1960年代後半には,アメリカによって実際には守られないようになったのである。そして,このことが,旧IMF体制崩壊の原因の1つであるということができるのである。

(c) 短期融資制度と SDR

　加盟各国は中央基金へその配分した割当額を出資することに同意しなければならない。この拠出金（quota）はその国の総国民生産物（GNP），貿易量，金準備などの大きさによって一定の公式から算出される。その割当総額の4分の1は金によって，残りの4分の3は自国通貨によって払い込まれるのである。この金の部分をゴールド・トランシュ（gold tranche）と言い，この部分は事実上いつでも無条件で外貨を引き出して使うことができる分である。それ以上の分については，IMFの指示に従って国際収支の改善に努力するという条件付きの融資が認められるなどのいろいろな制限があった。

　拠出金については，第2次改正協定のもとでは，総額の4分の1はSDRによって，残りの4分の3は自国通貨によって払い込むことになっていた。

　IMFが創立当時に設けた融資制度は，「通常引出し」（drawing）と呼ばれるものであった。これは，加盟国が一時的な国際収支の不均衡（赤字）に直面したときに外貨資金を供与する制度である。当該国の通貨当局はこの借入れた資金によって，外国為替市場に介入（外貨売り介入）し，外国為替市場の安定を図るのである。各加盟国の借入れ限度額は，IMFの拠出金（quota）に比例していた。

《GAB（General Arrangement to Borrow），一般借入れ協定》

　出資として払い込まれている各国の通貨のうち，実際に決済として使える通貨は，ドルなどの交換性を回復している一部の通貨に限られていた。そのためにIMFの資金が十分ではなかったため，1962年に主要加盟国10ヵ国（G10；Group of Ten）とバーゼル（スイス）の国際決済銀行が対IMFへの供与（Stand by Credit）することを決めた協定を「一般借入れ協定」（GAB）と呼んでいる。これによって，IMFの貸付能力は増加したのである。

　G10とは，1977年5月ロンドンの首脳会議に集まった7ヵ国（アメリカ，イギリス，フランス，旧西ドイツ，日本，イタリア，カナダ）にオランダ，ベルギー，スウェーデンの3ヵ国を加えたものである。スイスはIMFのメンバ

ーではないが，G10 のオブザーバーであり，GAB には参加している。また，この G10 は，後にサウジアラビアを加えて 11 ヵ国となっている。

《SDR (Special Drawing Rights)，特別引出権》

SDR とは IMF の特別勘定であり，1969 年に創設された。この勘定で加盟国の残高が準備資産として機能するのである。SDR は出資額に応じて配分され（2012 年における日本への配分額は 156 億 2,900 万 SDR），そのままの形では対外決済には使用できないが，国際収支が赤字に陥った時には SDR を使って他国の外貨を購入することができるのである。すなわち，この SDR は国際収支赤字国が IMF を通じて他の加盟国から通貨を引き出すことのできる主要 4 通貨で構成されている（米ドル；41.9％，ユーロ；37.4％，円；9.4％，ポンド；11.3％）権利である（1 SDR ≒ 1.38 ＄ ≒ 169 円：2016 年 1 月）。2016 年 10 月からは中国の人民元が SDR の構成通貨として新たに加えられることが決定された。(米ドル；41.73％，ユーロ；30.93％，人民元；10.92％，円；8.33％，ポンド；8.09％)。

国際収支赤字国が IMF を通じて他の加盟国から通貨を引き出すシステムを図で表わすと，以下の図Ⅱ.3.1 のように表わすことができる。

すなわち，図Ⅱ.3.1 において，国際収支が赤字となった加盟国 B が IMF より配分された SDR を利用申請すると，それに対して IMF が SDR 譲受国とし

図Ⅱ.3.1　SDR のしくみ

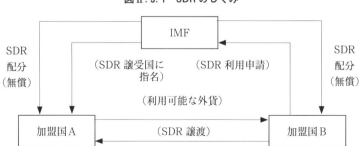

て加盟国Aを指名するのである。IMFより指名を受けた加盟国Aは，加盟国Bから譲渡されたSDRの分だけの利用可能な外貨（この場合には加盟国Bが希望する外貨であり，必ずしも加盟国Aの自国通貨であるとは限らない）を加盟国Bに渡すのである。このようにして国際収支が赤字に陥った加盟国は，保有しているSDRを利用することにより必要とする外貨を得て決済を行なうことができるのである。これはSDRを利用する必要がなく，SDR譲受国に指名され，SDRを多く保有している国は，それだけ他国に通貨を融資している国であると言うことができる。IMFの指名を受けた加盟国はSDR保有額が原割当て額の3倍（300％）を超えるまでは他の加盟国からのSDRの受取を拒否することはできないのである（IMF第19条第4項a）。また，SDR保有額が原割当て額の3倍（300％）を超えたとしても，当該国が許容すれば問題ではない。原割当て額に対するSDR保有額の割合は，日本では208％，米国は173％，ドイツは107％，フランスは47％，英国は13％となっている。これに対して，開発途上国では10％以下の国が多い（2003年）。

3　GATT（General Agreement on Tariffs and Trade，貿易と関税に関する一般協定）

　1945年11月アメリカの国務省から「世界貿易および雇用の拡大に関する提案」が発表され，これを基準として各国で多くの交渉がなされた。1948年キューバのハバナにおいて国際貿易機構憲章（ITO；Charter for the International Trade Organization，一般に「ハバナ憲章」と呼ばれている。）が調印された。しかし，規定が厳格であったために，53ヵ国の署名がなされたにもかかわらず，提唱国のアメリカやその他の主要国の批准が得られず，ITOは死産してしまったのである。

　GATT（「貿易と関税に関する一般協定」）は，このITO（国際貿易機構）に代わる事前の方策として発足した。GATTは，自由・無差別の原則のもとに世界貿易を発展させることを目的として，加盟国が相互に関税率を引下げ，その成果を確保するために必要な規定を1つの国際協定としてまとめたものであ

る。

この目的を達成するために，次の2つの任務を実施することである。
　(1)貿易制限措置の軽減
　(2)貿易の無差別待遇（最恵国待遇，内国民待遇）

協定の第1条においては，
　(1)最恵国待遇の原則；関税および輸出入課徴金さらに輸出入について，加盟国が他の加盟国に対してすべての利益，特典，または免除を他のすべての加盟国に対して即時かつ無条件に与えなければならない

などを規定している。また，
　(2)貿易自由化を促進するために輸入制限を撤廃しなければならない（第11条）
　(3)関税の引き下げ（第2条）

などがGATTの規定である。

　IMFにおいて国際収支上の理由がなくなったと判断された「IMF 8条国」は「GATT 11条国」であり，輸入制限を撤廃して貿易自由化の義務を負うことになるのである。すなわち，「IMF 8条国」および「GATT 11条国」に移行した国は先進国であり，「IMF 14条国」および「GATT 12条国」に該当する国は途上国であるという言い方もできる。しかしながら，「IMF 14条国」から「IMF 8条国」への移行する方法としては，①IMFの勧告を受けて移行する。あるいは，②「IMF 14条国」自身が自ら「IMF 8条国」へ移行する。という2つの方法がある。しかしながら，近年は②の「IMF 14条国」自身が自ら「IMF 8条国」へ移行するという場合が多くなっているのである。その理由としては，国際資本移動が活発となり，海外からの資本流入や企業誘致を行なう際に，自国（途上国）に有利なはずの為替取引の規制や輸入制限が逆にその流れを妨げる方向に働いてしまうことが挙げられる。そのため現在では，ほとんどの加盟国が「IMF 8条国」および「GATT 11条国」に移行しており，必ずしも先進国とは言えない状況である。

　GATTにおいてはルールの公式化は行なわれず，公式的な管理を行なわな

いままで，国際貿易を妨げる割当政策や関税制限の大部分を取り壊す作業として，一連の会議と各ラウンドによって実行して成果を挙げてきている。

しかしながら，GATT は農産物において差別的な関税や割当てを取り払わせるためにはあまり効果的ではなかったために，特設の国連貿易開発会議（UNCTAD；United Nation Conference on Trade and Development）が 1964 年に開発途上国からの農産物の輸出拡大の可能性を検討するために召集された。

1962 年にアメリカにおいて成立した通商拡大法を背景として大幅な関税の一括引き下げ交渉（「ケネディ・ラウンド」）が行なわれ，GATT は第 6 回の交渉によって大きく進展した。これは，当時のアメリカ大統領のケネディがアメリカのほとんどすべての品目に対して 50% に近い関税の引下げについて議会の賛同を得るために大きく前進したものである。

GATT は第 1 回の交渉（1947 年）以来，1994 年の第 8 回の交渉（ウルグアイ・ラウンド）の最終合意に至るまで様々な交渉が行なわれてきた。以下は，第 1 回から第 8 回までの交渉の内容について簡単に表わしたものである。

【GATT 一般関税交渉（ラウンド）の内容について】
・第 1 回（1947 年）〜第 5 回（1960 年〜1961 年；「ディロン・ラウンド」）
　第 5 回までの交渉は「国別・品目別交渉方式」で交渉を行なっていた。
・第 6 回（1964 年〜1967 年；「ケネディ・ラウンド」）
　このラウンドでは初めて関税の一括引下げについて交渉を行ない，先に説明したように特設の国連貿易開発会議（UNCTAD）が召集された。
・第 7 回（1973 年〜1979 年；「東京・ラウンド」）
　このラウンドでも関税の引下げや非関税措置の撤廃について交渉が行なわれ，1973 年 9 月に開催された GATT の閣僚会議の後に，「東京宣言」が発表された。
・第 8 回（1986 年〜1994 年；「ウルグアイ・ラウンド」）
　GATT の最後となったこのラウンドでは，サービス貿易のルールづくりや知的所有権保護，農業問題などについて主に話合いが行なわれた。

そして，この「ウルグアイ・ラウンド」の最終合意が締結された後，1995年1月に世界貿易機関（WTO；World Trade Organization）がGATTの格上げした国際機関として発足することになったのである（第4章3節参照）。

4　旧IMF体制の崩壊

国際的な金本位制が崩壊した後の1930年代には，各国によって自国通貨の為替レート切下げ競争や輸入関税の引上げ・輸入数量の制限などが行なわれたために，世界経済においては生産・貿易が縮小して世界経済の分解（disintegration）が進むことになった。このような過程を経て世界経済は大恐慌を経験することになったのである。このような苦い経験に対する反省から，第二次世界大戦後にIMF制度が創立された。

このIMF体制とIBRDを加えた体制は，「ブレトン・ウッズ体制」とも呼ばれている。そして，GATTやさらに経済協力開発機構（OECD）をも含む全体としての西側先進工業諸国を中心とした国際経済体制が第二次世界大戦後の世界経済の復興と発展の時期において1つの成功を収めたということができる。これは，戦後の経済的復興が完了した1960年代には世界経済が繁栄と安定の時代を経験したことからも理解することができるのである。

《旧IMF体制；最初の10年間》

この「ブレトン・ウッズ体制」のもとで，1958年までは世界はドル不足の時代であった。1946年から55年にかけての米国の経常収支の受取超過は38億ドルに上り，このうちの96％は1946年から1949年までのものであり，この期間ヨーロッパの輸入の4分の1の援助が与えられた。世界の金準備の多くの部分が米国に集中し，他の国はほとんど金外貨準備を持っていなかったのである。そのため各国は経常収支については為替制限をしなければならなかった。アメリカはヨーロッパに対して「マーシャル・プラン」を，日本に対して「ガリオア」，「エロア」といった大規模な経済援助を行ない，その援助によって各

国はドル不足を補ったのである。このIMFの世界経済に対して行なうべき役割はなかったのである。

　旧IMF体制の創立後の最初の10年間は，その機能は十分には機能しなかった。戦後の復興期にはほとんどの加盟国が14条国であり，また，ほとんどの国が経常収支に関して為替制限を行ない，対外決済については広範に直接統制を行なっていた。また，西ドイツと日本は1952年から1953年まで加盟国ではなかったのである。

　1958年12月には交換性の回復が行なわれた。それまで西側ヨーロッパの主要国は，EPU（European Payment Union）が相互の決済を行ない，ドルに対しては差別的な待遇をしていたが，1958年にこのEPUを清算し，ドルとの自由な交換性を認めることにしたのである。すなわち，非居住者に関する限り自国通貨を他国通貨と公式に定められた為替相場で無制限に交換するという意味で，通貨の交換性を回復したのであった。

　しかし，このヨーロッパの赤字も1958年頃から逆転し始める。1958年の米国の赤字は35億ドル，1960年には39億ドルとなり，ヨーロッパに大量のドルが滞留する（ユーロダラーの発生）という状況が起こり，ヨーロッパ各国の通貨が交換性を回復することを可能として，米国からの金の流出とドルに対する信認の低下が始まるのである。このドルの信認の低下は，「トリフィン・ディレンマ」によって説明される。すなわち，一方で流動性を創造するために基軸通貨国であるアメリカの支払超過を前提としており，また，一方では，アメリカの長期にわたる慢性的な赤字はドルに対する国際的信認を必然的に低下させることになるという，基本的矛盾によるものである。

　翌1959年1月，EECが発足（ローマ条約の発効）し，1960年には西側主要国は8条国に移行した。これ以後IMFからの短期資金の借入れは増大するのである。

　IMFからの短期資金の借入れには，次のような制度が用意された。

　1.通常引出し（drawings；南側諸国の強い要請によって設立された）
　2.輸出変動補償融資（1次産品の価格が大幅に変動する結果，実質所得が

大幅に変動する国に対して通常引出しよりも緩い条件で貸出をするものである。）

3. 緩衝在庫融資（1次産品の価格変動を小さくするための緩衝在庫（buffer stock）の資金をIMFが貸し出すものである。）

また，石油危機の以後できたIMFからの短期資金の借入制度としては，次のような制度がある。

4. 拡大信用供与措置

5. オイル・ファシリティ（資金源が一部産油国等からの別枠の借入によるものである。）

《アジャスタブル・ペグ》

旧IMF体制においては，「アジャスタブル・ペグ」と呼ばれる制度が採用されていたが，「変動相場制度」とどちらが良い結果をもたらしたかということについては議論の余地がある。旧IMF体制の崩壊とは，アジャスタブル・ペグ・システムの崩壊であって，世界経済の実態の変化に対するブレトン・ウッズ体制全体の調整の遅れであり，崩壊ではないと考えることもできる。

旧IMF体制末期の国際金融上の問題としては，(1)調整（adjustment），(2)流動性（liquidity），(3)信認（confidence）の3つの問題として考えることができる。

(1)調整とは，国際収支の調整の問題であり，平価変更のためのルールの問題である。旧IMF体制はアジャスタブル・ペグによって平価変更のルールを確立した。しかし，1960年代になると国際間の資本移動が活発となり，為替管理ではコントロールできないようになった。平価変更が起こりそうになると，投機家達によって「一方的選択権」（one way option）の状況がつくり出されるために，外貨準備の急減・急増が引き起こされた。このため，どの政府の通貨当局者も平価変更の可能性を否定することを繰り返し，そして突然のようにして，しかし予想されたとおりのシナリオのもとで，平価変更を発表するという状況となっていったのである。

このようにして，アジャスタブル・ペグは「almost unadjustable peg」とか「jumping peg」と言われるようになり，旧IMF体制のもとでのこの制度は本来の機能を果たさなくなってしまうのである。そして，このことが旧IMF体制崩壊の主要な原因となっていくのである。

(2)流動性とは，世界全体の国際流動性（基軸通貨）が十分であるか否かという問題である。

また，(3)信認とは，基軸通貨に対する信頼性の維持の問題であった。「外国保有の自国通貨の残高の買入義務」のIMFの規定について，米国は1960年代後半には実際には守らないようになった。このことが，旧IMF体制崩壊の原因の1つであると言われている。そして，1971年から1973年にかけて，旧IMF体制は崩壊していったのである。

《基軸通貨》

基軸通貨（key currency）とは，(1)取引通貨（vehicle (transaction) currency），(2)準備通貨（reserve currency），(3)介入通貨（intervention currency）として国際的に広範に使用される特定国の（国民）通貨のことである。

取引通貨とは，対外的な債権・債務関係の決済手段として取引通貨機能を持った通貨である。また準備通貨とは，対外決済のための運転資金・準備金としての準備通貨機能を持った通貨である。介入通貨とは為替相場の介入政策のために使用される介入通貨機能を持った通貨のことである。これに他の（国民）通貨の為替相場の基準となるニューメレールとしての機能を考慮すると，4つの機能を満たしている通貨が「基軸通貨」であるということになる。

当初，国際決済にはポンドが多く使用されており，1948年のポンド建て取引には世界貿易総額のうち36％であり，貿易外取引では50％以上であった。1950年代半ばでも世界貿易の40％がポンド建て取引であった。他にもドイツ・マルクやフランス・フランなどが一部使用されていた。しかし，やがてアメリカ・ドルの地位が高まってきたのである。このような経験から基軸通貨としては，次の要件を満たしていることが必要であると考えられる。

1. 1960年代と1972年以降の世界同時的インフレーションの時代にアメリカ・ドルはもっとも安定した通貨であった。このようにして，価値基準として各国通貨のうち相対的に優れた通貨としてドルが残ったと考えられていること。
2. アメリカ・ドルは居住者・非居住者の区別なく為替管理がほとんどなかったこと。
3. アメリカ経済の世界経済に占める貿易・投資のシェアが大きかったこと。
4. ドル建ての短期，長期金融市場が非常によく発達しており，それについても制限がなかったこと。
5. 第二次世界大戦終了後，巨額の金準備がアメリカに集中したこと。そのためドルが金との交換性を持っていたことを強調する人もいる。しかし，金との交換性がなくなった1971年以降もやはりドルが基軸通貨であることを考えるならば，この議論は正しくないと思われる。

旧IMF制度のlegal structureは，加盟各国の通貨に関してほとんど完全に対照的に構成されており，アメリカ・ドルが強調される余地は本来はなかったはずであった。しかし，現実には，実際の決済にはアメリカ・ドルやポンドなどの限られた通貨が使用され，公的準備としては各国は主として金ではなくドルを保有した。またIMFからの借入も最近までドルに頼っていた。政府・公的機関のみならず，民間の企業・金融機関も国際流動性として，ドル建ての流動資産を保有したのである。また，以上のような理由からも，ユーロ市場が発達したのである。

《ポンドの弱体化》

イギリスは戦後幾度となく国際収支困難に陥り，国際収支の赤字からポンド危機が起こった。イギリスは1949年には30.5％，1967年には14.3％の平価切下げを行ない，ポンドの基軸通貨としての国際的地位は一貫して低下し続けたのである。

ポンドの弱体化の原因は，第一にイギリス経済のインフレーションであり，

第二にイギリスの製造業の技術革新やマーケティングにおいて国際競争力が低下していたことにあるということができる。第三にポンド・スターリング圏に属する国はポンドを準備としてロンドンに持っているために，それらの国の国際収支が赤字になると，すべてイギリスが国際収支危機に見舞われるということになっていたのである。

　ポンドの対ドル価値が下落していくと，基軸通貨・準備通貨としてのポンドの魅力が乏しくなり，ポンドを保有しているとやがてロスが発生していくことになるのである。ポンド・スターリング圏に属する国は次第にポンドを手放すようになったため，これがイギリスの国際収支をさらに悪化させ，金融勘定は赤字となって，イギリスの外貨準備を減少させることになったのである。

　このような状態のイギリスを救済するために，3回にわたって「バーゼル協定」（第1回1960年，第2回1968年，第3回1977年）が結ばれた。バーゼルのBISで主要国の中央銀行が集まって協議し，公的ポンド残高からの圧迫からイギリスを助けるために主要国がイギリスを支援し，同時にポンド・スターリング圏が保有するポンドをドルに交換しないように協議したのである。

　第2回の「バーゼル協定」以降では，公的ポンド残高に対しては一定の条件の下で対ドル価値の補償が与えられた。すなわち，ドルに対するポンドの為替相場が低下した場合には，その分はイギリスが公的ポンド残高に対しては減価を補償するのである。また，公的ポンド債を中期債に切り替える措置もとられた。第3回の「バーゼル協定」では，イギリスを援助するために主要8ヵ国の中央銀行がstand-by creditを与えた。

　このようにして衰退していく基軸通貨の海外残高（流動性の高い自国通貨建て債務）の処理は，大きな困難を伴う深刻な問題であったのである。

《アメリカの国際収支赤字》

　アメリカの国際収支赤字問題が解決されなかったことが，旧IMF体制崩壊の原因となった。第二次世界大戦後の「ドル不足」（dollar shortage）の時代にはアメリカの国際収支は黒字であり，世界のほとんどの国が対米赤字に陥入

った。しかし、西側主要国の通貨の交換性を回復した1960年代を境にしてアメリカの赤字は年々増大し、「ドル過剰時代」（dollar glut）が出現した。そして、1960年代末期にはアメリカは経常収支さえも赤字となってきたのである。このようなアメリカ経済の国際収支の赤字の要因としては、次のようなことが挙げられる。

(1) **アメリカの製造業の輸出競争力の低下**；アメリカの比較優位産業は農業と最先端技術であるが、これに対して日本、ヨーロッパ諸国は農業保護政策（ECのCAP（共通農業政策））、国内産業の育成（航空機、コンピューター産業の育成、大型発電機、カラーフィルムの輸入制限など）という観点から強い輸入制限を設けてきた。

(2) **米国の企業の対外直接投資の増大**；1960年代に入って、アメリカ系の国際的な生産構造が著しく発達した。1959年のEEC発足以来、アメリカ企業のヨーロッパへの直接投資が急速に増え、世界経済の統合化が進み、多国籍企業化（Multinational Corporation, MNC）が顕著となった。MNCの国際収支に対するマイナス面としては、(a)資産の取得、海外事業ファイナンスのための資金流出、(b)MNCが海外で生産した製品のアメリカへの輸入、(c)本国からの輸出先への海外への輸出減少などがある。また、国際収支に対するプラス面としては、(d)利子配当の本国への送金、(e)技術のロイヤリティーの収入、(f)部品等の進出先の国への輸出があるが、プラス・マイナスのネットの効果は明白ではない。

(3) **世界の中の銀行としてのアメリカの役割**；ここで、銀行とは、短期の負債を集めて長期の資産に運用する役割の働きをする金融仲介機関を指している。たとえば、アメリカはヨーロッパに長期貸し・短期借りであり、ヨーロッパはアメリカに短期貸し・長期借りの状態である。

　国民通貨（national currency）であるドルよりも優れた国際通貨が世界経済において存在しなかったことが、アメリカの国際収支の赤字を発生させ、増大させることになったということができる。

《「ブレトン・ウッズ体制」と「GATT体制」の終焉の始まり》

　海外に流出したドルが1オンス35ドルの金で買い戻されるうちは，まだIMFは機能することができる。しかし，やがて，ドルの切下げ，あるいは金・ドル交換停止を見越した不断の為替投機やゴールド・ラッシュを引き起こすことになるのである。

　また，今日，一方では南北問題は未解決のままであり，問題は一層深刻化していった。1970年代に入ってから，旧IMF体制は崩壊し，急激なインフレーション，石油危機，食料不足などが起こり世界経済はインフレーションと不況の同時発生（スタグフレーション）のなかに入っていったのである。このような現象は，南側の諸国（発展途上国）を置き去りにした西側先進工業諸国（北側）のための「ブレトン・ウッズ体制」と「GATT体制」の限界と考えることもできるのではないだろうか。

　戦後の経済成長が著しい，西ドイツと日本は国際収支の持続的な大幅黒字を背景として，「利子付き合衆国政府証券」の形で膨張したドルを保有することにより，ヨーロッパと日本がアメリカに融資するという形で「ブレトン・ウッズ体制」と「GATT体制」のもとでアメリカにヘゲモニーを与え続けた。しかし，基軸通貨としてのドルを本位貨幣として維持することは，その対外政策や国内政策を国際収支への配慮なく遂行できるという経済的特権のために，ドルの対外価値を下げて，貿易上の競争力を改善するという機会を不可能にしていったのである。

　そして，1971年8月15日，ニクソン大統領はドル防衛策として，次の3つの宣言をして，事実上の「ブレトン・ウッズ体制」と「GATT体制」，そして旧IMF体制は終焉したのである。

　　(1)ドルの金兌換停止
　　(2)10%の輸入課徴金の賦課
　　(3)物価と賃金の統制

[注]
(1) この IMF 制度が設立される以前には，国際的な決済の場としては「国際決済銀行；BIS」（Bank for International Settlement，国際決済銀行）が 1930 年代に設立されており，現在でも機能し続けている。本来は第一次世界大戦後のドイツの賠償を管理する機関として戦勝国の中央銀行が出資し，スイスのバーゼルにつくられたスイス国内法による銀行である。第二次世界大戦後は中央銀行間の情報交換，協議の場となっている。しかし，IMF のような拘束力は持っていない。

(2) IMF 構想において，当初，米英の対立があったが，最終的にはアメリカのホワイト案に大枠が決定した。

　アメリカのホワイト案とは，加盟国の出資によって外貨基金をつくり，加盟国は自国の国際収支が赤字のときに，自国通貨と交換に必要な外貨を引出すという為替安定基金案であった。イギリスのケインズ案は，加盟国は出資せず，「バンコール」という通貨単位を設けて，このバンコール建てで基金は赤字国に対して借越を供与して，黒字国からは貸越を供与されるという世界の中央銀行を創設するという案であった。

(3) 1971 年 8 月 15 日に米国ニクソン大統領が「金・ドル交換を一時停止する」という発表（ニクソン・ショック）をする時期から 1973 年の変動相場制度への移行の期間までに，IMF 体制は崩壊した。この時期までの IMF 体制を，旧 IMF 体制と呼んでいる。旧 IMF 体制は，「アジャスタブル・ペグ」（Adjustable peg；調整可能釘付け制度）による固定相場制度であり，1947 年から 1973 年までの 4 半世紀の間続いた。この体制は基本的には，第二次世界大戦後の西側諸国の国際関係の基本的機構として十分機能したということができる。

第4章

スミソニアン体制

1 スミソニアン協定（固定的ドル本位制度）

　1971年8月15日にアメリカのニクソン大統領が「金・ドル交換停止」（ニクソン・ショック）を発表したことにより，ブレトン・ウッズ体制（旧IMF体制）は事実上崩壊し，その後4ヵ月間にわたって米国，EC，日本を中心として今後の国際決済制度についての国際交渉が続けられた。そして，1971年12月18日にワシントンのスミソニアン博物館で開かれた会議において初めて，金に結びつかないアメリカ・ドルを中心としたドル本位制と呼ばれる国際通貨体制を採用することが決定されたのである。以後，1973年2月までのわずか1年3ヵ月しか続かなかった，この国際通貨体制は「スミソニアン体制」，あるいは「固定的ドル本位制度」と呼ばれている。

　「スミソニアン体制」の内容については，主に次の3点が挙げられる。

　　①ドルの平価切下げに伴う金価格の引上げ
　　②主要通貨の多角的平価調整
　　③為替相場の変動幅の拡大

　①ドルの平価切下げに伴う金価格の引上げについては，アメリカ・ドルを中心とした国際通貨体制を維持していくためにも，アメリカの国際収支赤字の改善は必要不可欠であった。当初，アメリカは金価格は変更せず，アメリカ・ドルの切下げと貿易収支黒字国の通貨切り上げによって国際収支を改善しようとした。しかし，この方法では黒字国のみに負担を強いることになったために，EC諸国などからの批判が強く，結局スミソニアン協定においては，1オンス＝35＄から1オンス＝38＄へとドルの平価切下げに伴う金価格の引上げが実施

されることになったのである。

　そして，②日本は，1＄＝360円→308円，ドイツは，1＄＝3.66DM→3.2225DM，フランスは，1＄＝5.55419FF→5.1157FF，イギリスは，1£＝2.40＄→2.6057＄というように，主要通貨の多角的平価調整も同時に行なわれた。また，③為替相場の変動幅の拡大については，ブレトン・ウッズ体制では「アジャスタブル・ペグ（調整可能な釘付け制度）」において自国内の直物為替取引が平価から計算される平価（parity）の上下1％の範囲内となるように介入の義務があったが，「固定的ドル本位制」においても同様に介入の義務があった。しかし，ブレトン・ウッズ体制との相違は，(a)金に代わって米ドルが基軸通貨として決済，準備・介入・媒介の機能を果たすというものであり，(b)自国内の直物為替取引が平価から計算される平価（parity）ではなく，②において決定された新たな中心相場（central rate）の上下2.25％の範囲内で相場が決定されるように介入しなければならず，その変動幅が拡大したことである。

　この「スミソニアン体制」はあくまでも暫定的な措置であり，当初から根本的な通貨体制の見直しの必要性と通貨調整制度が不十分であるという指摘を受けていた。しかし，わずか1年3ヵ月で崩壊した理由は，アメリカの国際収支の赤字が改善しなかったこと，特にベトナム戦争によりアメリカがインフレーションを引き起こし，国際収支の赤字を拡大したことが原因であると考えられている。

2　現IMF体制（変動相場制度）

《変動相場制度への移行》

　1972年に入ると，アメリカの貿易収支（国際収支）の赤字が表面化し，アメリカ経済に対する不信感が増大してきた。このような状況下において，ドルをドイツ・マルクや日本・円，スイス・フランや金に替えようとする動きが活発となり，ドル売りが進んだ。先進10ヵ国はなんとかこのドル売りの動きを阻止しようとドルの買い支えを行なったが，時代の流れには逆らえず，1973

年2月12, 13日に外国為替市場は停止し, 世界各国は現在の変動相場制へと移行していった（日本は2月14日に変動相場制へ移行）。そして, 欧州は3月にEC通貨の共同フロート, すなわち, ECの6通貨（ドイツ・マルク, フランス・フラン, ベルギー・フラン, オランダ・ギルダー, デンマーク・クローネ, ルクセンブルグ・フラン）に関しては地域的に固定相場制度を維持するという方式を採用した。

このようにして, 各国は次々と変動相場制度へと移行していったが, 発展途上国の多くは弱い自国通貨では変動相場制度に堪えられないと判断して, ドルやかつて植民地として統治していた国の通貨に対して固定相場制度を採用し続けた。そして, 1976年1月にジャマイカのキングストンにおいて会議が開かれ, IMFの規定を改正し, 正式に変動相場制への移行を決定した。

《変動相場制度》

国際収支の調整を常に伸縮的な為替相場の変動によって行なうとした変動相場制度の予定された長所としては, 次の4点が挙げられる。

 (1)国際収支の不均衡が自動的に調整される（介入の義務無し）。
 (2)国内の政策について自由に遂行できる。
 (3)海外のインフレーションを遮断できる。
 (4)ホット・マネー（「一方的選択権」（one way option））の抑制が可能である。

(1)については, 国際収支の不均衡が生じても為替相場の変動によって自動的に調整されるので, 固定相場制度の場合のように国際収支の不均衡が生じてもわざわざ介入を行なう必要がないということである。そのため, 各国の通貨当局や政府は対外均衡のための経済政策を行なう必要はなく, (2)のように国内の政策のみに専念することができるはずであった。また, 国内均衡（失業問題, 有効需要拡大など）と対外均衡（国際収支, 特に貿易収支に関する問題）のどちらを優先するべきかという, 固定相場制度の下では各国を悩ませた問題についても対外均衡の足枷は取り去られ国内均衡のみを達成すればよく, そのため

に各国は自由な国内政策を行なうことができるということであった。

　(3)の海外からのインフレーションの遮断については，変動相場制度の下では対外的な問題（国際収支の不均衡）については国内の経済に影響を及ぼさないため，国際収支の不均衡によって国内の貨幣供給量に影響を及ぼすことがないということである。さらに，外国で経済危機が発生した（インフレが生じた）としても，自国内への経済波及効果は極めて少ないだろうということも期待されていたと考えることができる。

　(4)のホット・マネー（一方的選択権）の抑制については，固定相場制度の時代には，為替相場を変更することがあらかじめ予測可能であったため，その相場の変動を利用して投機家たちが為替変動による利益（為替差益）を得ようとした。この為替投機のために使用されるお金をホット・マネーと呼んでいる。しかし，変動相場制の下では為替相場は常に変化するため，相場を予測することは不可能であると考えられていたため，投機家たちの為替投機を抑制することができると考えられていたのである。

《管理フロート制度とマクロ経済政策協調》

　しかし，現在の国際通貨体制においては，上記の4つの長所はほとんど正反対の結果として現れており，純粋な意味での変動相場制度は実現していないということができる。それ故に，現在の国際通貨制度は「管理フロート制度」や「ダーティー・フロート」と呼ばれて，純粋な意味での変動相場制度とは一線を画していると考えられている。

　現在の「管理フロート制度」の下では，国際収支の不均衡がかなり大きくなった場合には，当該国の通貨当局が「介入」を行ない，為替相場を調整させて不均衡を是正している。また，当該国の通貨当局だけでは為替相場の是正が難しいと思われる場合には，数カ国の通貨当局が協力して介入を行なう「協調介入」という手段がしばしば用いられている。しかし現実には，この「介入」による効果はほとんど期待できないと思われる。

　その理由の1つとして考えられるのは，現在の為替相場は国際収支の不均衡

を是正するように変動していないからである。現在の為替相場は投機家たちによる為替投機（マネー・ゲーム）によって大きく変動しており、変動相場制へと移行した頃には抑制できるであろうと考えられていた投機家たちの為替投機の動きは国際情報化社会（コンピューター・ネットワーク）の発達によってより巨大なものとなり、先物取引や通貨オプション（ヘッジ，カバー），リーズ・アンド・ラグズ、そして最近はデリバティブ取引などの金融派生商品などが登場し、国際金融市場はますます複雑化し、為替相場が国際収支の不均衡を是正するという働きは全く意味をなさなくなってしまったと考えられているのである。そのために、各国政府や通貨当局は先進国首脳会議（サミット）や7ヵ国蔵相・中央銀行総裁会議（G7）などで様々な国際経済問題などについて話合いを行ない、各国との政策協調によって為替相場の安定や世界経済の拡大に努めている。

【リーズ・アンド・ラグズ（Leads and Lags）】

　リーズ・アンド・ラグズとは、企業が貿易の決済や金融取引のために外国為替取引を行なう際に、為替相場の変動を予測して、その決済・取引の時期を早くしたり、あるいは遅らせることによって、取引の際に適用する為替相場の変動による損失を避け、あるいは利益を得ようとする行動を指す。具体的には、円安（ドル高）が予測される場合には、日本の輸出業者は決済日をできるだけ遅らせる（Lags）ことによってより多くの円を得ようとし、逆に輸入の場合には輸入業者は決済日をできるだけ早めて（Leads）、円安による為替差損を少なくしようとする。

　もし、為替相場の推移についての、たとえば、円安・ドル高への大きな変化が予想される場合には、このようなリーズ・アンド・ラグズ行動のパターンが大きく変化することになる。もしも、ほとんどの企業がこのようなリーズ・アンド・ラグズ行動のパターンを大きく変化させた場合には、外国為替市場においてドルの需要が極端に増加し、円の供給が極端に増加するという、いわゆる「円売りドル買い」の状態が強く発生することになり、円安（ドル高）が急激

に進むことになるのである。

　企業のこのような行動によって，為替相場は国際収支の不均衡是正とは違う方向で動くことになるのである。固定相場制度の時代や変動相場制度の初期の段階ではこの「リーズ・アンド・ラグズ」が成功する投機という形で行なわれ，外国為替相場は大きな影響を受けていた。また，現在では，このような「リーズ・アンド・ラグズ」による為替相場の影響とともに，資本取引が巨大化し資本取引による為替相場への影響は大きいものとなっている。

3　GATTからWTOへ

《世界貿易機構（WTO）》
　第Ⅱ部の第3章でも説明したように，ブレトン・ウッズ会議において当初設立されるはずであった国際貿易機構（ITO）は，あまりにも理想的な世界貿易体制を目指しており，戦後の崩壊した経済状態を復興させる事を第1の目標としていた当時の国際情勢の下ではまだ時期尚早であるとして，提唱国のアメリカをはじめとして多くの国によって批准されなかった。

　そして，正式な国際機関が設立できるようになるまでの暫定的な代替物としてITO憲章の中から適切な条項を取り出して協定としたものがGATT（貿易と関税に対する一般協定）であった。しかし，GATTはあくまでも国際協定にすぎず，紛争処理機関などは備えていなかったのである。GATTは8回にわたって関税および非関税貿易障壁軽減のために交渉（ラウンド）を行なってきたが，その交渉の中で関税の引下げや非関税措置の撤廃，サービス貿易のルールづくりや知的所有権保護・農業問題などについて話合いが行なわれ，「自由・無差別・多角的」な貿易を行なうというGATTの本来の理念に少しずつ近づいていったということができるであろう。

　このような状況の下で，戦後50年以上経過した1995年1月にGATTを格上げして，世界貿易機構（WTO；World Trade Organization）が設立された。2013年5月現在，WTOの加盟国及び地域は，159ヵ国（地域も含む）で

あり，受諾手続き中と加盟申請中の国も合計すると，183の国と地域がWTO協定（マラケッシュ協定）に同意しているのである。

　WTOの役割としては，GATTのウルグアイ・ラウンドにおける最終合意を協定の参加国が遵守するように監視するほか，国際間の貿易紛争の解決にあたるなど，GATTと比べると大幅にその権限が拡大している。また，モノの貿易だけでなく，サービス貿易（金融，海運，放送，流通サービスなど）や知的所有権（特許料，著作権など）といった従来GATTが対応することができなかった分野を新たに対象に含めたのである。これは，GATT設立当時では考えられなかった高度情報社会に対応する内容が加えられたということができる。さらに，既存のルール（補助金相殺関税措置，緊急輸入制限など）に関してもその運用手続きに対して明確化したのである。

　WTOの国際間の貿易紛争解決の手続きは，次の図Ⅱ.4.1のように表わすことができる。

図Ⅱ.4.1　WTO貿易紛争処理の手続き

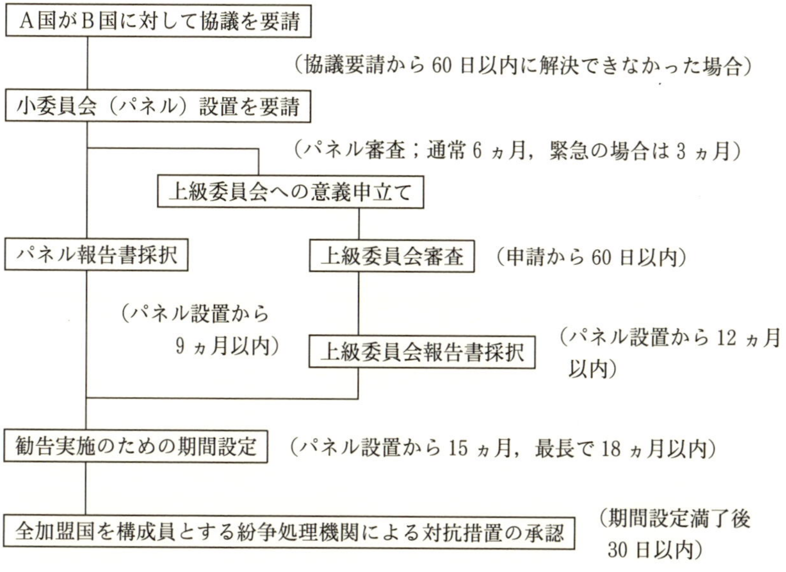

```
A国がB国に対して協議を要請
 │
 │         （協議要請から60日以内に解決できなかった場合）
 │
小委員会（パネル）設置を要請
 │
 │         （パネル審査；通常6ヵ月，緊急の場合は3ヵ月）
 │
 │      上級委員会への意義申立て
 │              │
パネル報告書採択   上級委員会審査   （申請から60日以内）
 │              │
 │（パネル設置から  │
 │   9ヵ月以内）   上級委員会報告書採択   （パネル設置から12ヵ月
 │                                         以内）
 │
勧告実施のための期間設定   （パネル設置から15ヵ月，最長で18ヵ月以内）
 │
全加盟国を構成員とする紛争処理機関による対抗措置の承認   （期間設定満了後
                                                      30日以内）
```

GATT 体制とは異なり，加盟国間の貿易紛争の処理を当該国だけで行なうのではなく，多国間の枠組みで解決するという点が強化されている。日本はすでに，米国の対日自動車輸入に関する一方的制裁や米国写真フィルム・印画紙市場についてアメリカを提訴したり，逆に，日本の酒税格差や，移動電話に対する日米合意，フィルム・印画紙市場に関する措置などについて相手国（EU，カナダ，アメリカ）から提訴されたりしている。

また，WTO は，GATT の下ではほとんど発動されなかった対抗（制裁）措置を容易に発動できるようになったことも大きな特徴である。これまで GATT 体制の下でも違反であった「一方的な制裁措置」を発動してきた国（特にアメリカ）は，WTO 体制の下では自分勝手に制裁措置を執ることができなくなる。ただし，WTO の提訴が認められれば，「合法的な制裁措置」が発動できるようになるわけである。

【EPA・FTA，TPP は WTO 違反なのか】

特定の国や地域の間で自由な貿易協定を締結する FTA（Free Trade Agreement；自由貿易協定）や，貿易だけでなく幅広い分野（投資の促進，知的財産や競争政策等の分野での制度の合意形成，人的交流など様々な分野での協力）を対象とした経済上の連携を強化することを目的とする協定である EPA（Economic Partnership Agreement；経済連携協定）。そして，2013 年 2 月に「聖域なき関税撤廃が前提でないことが明確になった」として安倍首相が事実上の参加を表明し，現在でも国内で賛否両論を巻き起こしている TPP（Trans-Pacific Partnership；環太平洋戦略的経済連携協定）は，すべての加盟国間で貿易の自由・平等を原則とする GATT や WTO の考えに基づくならば，WTO 違反のように思われる。

しかし，WTO はこれらを例外として認めている。その理由の 1 つとして，2001 年から開始した WTO の多角的貿易交渉（ドーハ・ラウンド〔途上国の立場を考慮して，正式には，「ドーハ・開発・アジェンダ」と呼ぶ〕）が難航しているという点が挙げられる。ドーハ・ラウンドは当初，

8つの分野での全体合意を目指していたが，先進国と途上国の対立が表面化し，未だに交渉の全体会合が全く開けない状態が続いている。2011年の公式閣僚会合において全体合意を断念し，①通関手続きを簡素化する「貿易円滑化」，②途上国の農業補助金に対する特例措置など「一部農業」，③後発途上国に対する特恵枠組みを巡る「開発」という3分野に焦点を当てて部分合意を優先する方針に転換した。しかし，この方針でも，インドをはじめとする途上国の合意を得るのは難しい状況である。従って，限定的な範囲での自由貿易であってもそれを拡大していけば，いつかはすべての加盟国において自由で平等な貿易を行なうことができるという考えに基づいているのである。

12ヶ国が参加を表明しているTPPは2015年10月に大筋合意に達した。しかしながら，TPPの協定を発効する条件は，**「すべての参加国が署名後2年以内に各国の議会での批准手続きを終えることが条件」**となっている。もし，2年以内に参加国のうち一国でも批准手続きが終了できなかった場合には，TPPの協定を発効する条件は，①批准手続きを終えている国がTPP参加国のうち6ヶ国以上であること，②その6ヶ国のGDP（国内総生産）がTPP参加国全体の85%以上を占めること，となっている。まだ合意に達していない項目もあり，加盟各国内においてもまだまだ紆余曲折が予想されている。

自由貿易はその国にとって必ずしもベストなこととは限らないのである。日本はTPPの署名と批准手続きに向けて準備を進めているが，TPP参加によって生じると懸念されている問題点に対して早急な対策を採る必要があるのである。

第 5 章

通貨危機について

　第二次世界大戦後の世界経済体制において，為替相場の安定と貿易の拡大が主要な目標であった。為替相場の安定を妨げる為替制限の除去を目的として設立された IMF（国際通貨基金）は，西欧の経済復興や南北問題の進展，OPEC 諸国の興隆とともに急激に変化する世界経済の諸問題に対して，そのたびに対応することを目的としてきた。

　特に 1990 年代においては，先進工業諸国から中南米やアジア諸国などの発展途上国への国際資本移動が増加し，ASEAN 諸国や韓国などの東アジア地域では，「東アジアの奇跡」とまで呼ばれ，急激な成長を遂げていた。このような状況のもとで，さらなる国際資本移動をスムーズにするために IMF では資本勘定の自由化を推進するための協定の改正を協議していた[注1]。

　しかしながら，1994 年のメキシコ通貨危機（テキーラ危機），1997 年 7 月に発生したアジア通貨危機および 1998 年 8 月のロシア通貨危機，そして 1999 年 1 月に発生したブラジルの通貨危機の影響を受けて，2001 年末に発生したアルゼンチン通貨危機など，世界経済に多大な影響を及ぼした金融危機は，国際経済の決済システムにおいて重大な弱点を露呈する結果となった。

　これまでの通貨危機は，主に金融システムが未成熟な発展途上国や新興国に対して急激な国際資本移動が生じることによって発生することが多かったが，2008 年に発生したサブプライム・ローン問題やリーマン・ショックはアメリカ発の金融危機であり，「100 年ぶりの世界恐慌の再来」と呼ばれるほど，世界経済に大きな影響を与えることとなった。そして，その影響を特に受けた欧州では，2009 年に「ギリシャ危機」が発生し，共通通貨「ユーロ」の存在すら危ぶまれる深刻な事態を引き起こしたのである。

　本章においては，通貨危機の特徴と発生原因および IMF（国際通貨基金）

の対応について，それぞれのケースに基づいて説明を行なう。

1 通貨危機発生の経緯と特徴

1.1 メキシコ通貨危機（テキーラ危機）

　1980年代から1990年代初頭にかけてラテンアメリカやアジア諸国の発展途上国では，アメリカや西欧諸国と比較して安価な労働力と豊富な資源を背景とする新興工業経済地域(注2)が登場し，急激な成長を遂げてきた。これらの国々には，先進工業諸国から間接投資・直接投資の形で資本が流入することとなった。その主要な要因としては，①安価な労働力だけではなく，②「ドルペッグ制」（固定相場制度）の採用や，③先進国における金利の低下傾向などが挙げられる。

　1994年12月20日にメキシコ政府がドルに固定（ペッグ）していたメキシコ・ペソを15％引下げたため短期資金が急速に流出し，22日には変動相場制度へと移行することとなった。これが，いわゆるメキシコ危機（テキーラ危機）と呼ばれる金融危機である。メキシコで発生したこの通貨危機は，1ヵ月後にはアルゼンチンをはじめ，ブラジルなど南米各国に波及することとなった。

　メキシコ危機（テキーラ危機）の原因としては，実効為替レートが過大評価されていたことや海外からの巨額な借入額の存在などを背景としてメキシコ政府の諸経済政策の失敗によって生じたものであると議論されており，マクロ経済のファンダメンタルズの変化によって生じたものであると考えられている。

　しかしながら，メキシコと同様に，アルゼンチンにおいても通貨の切下げを行なうのではないかと危惧した海外投資家が短期資金をアルゼンチン国内から引揚げ，国内においてもペソをドルに交換する動きが高まったことによって深刻な外貨不足に陥り，経済成長率も1995年には－2.8％にまで落ち込んだのである。このとき，アルゼンチン政府はIMFなどから70億ドルの融資を受け，緊縮財政政策を実施することによって危機を乗り越え，変動相場制度へと移行したメキシコとは異なり，「カレンシーボード制(注3)」を維持し続ける政策をとったのである。

1.2 アジア通貨危機

アジア通貨危機は，1997年の7月にタイが管理フロート（変動相場）制度に移行する際にバーツを切下げたことから端を発しており，その後インドネシアや韓国などのアジア諸国へと次々に波及していったものとみなされている。しかし，各国の通貨危機の状況はこれまでの経済状態を反映して大きく異なっており，当該国政府やIMFの経済対策についての方法やその効果においても各国で異なっている。

【タイのケース】

1970年代後半から1980年代前半において，タイ，マレーシア，インドネシアでは通貨バスケットによる管理フロート制度を採用していたが，これは事実上，米ドルに対して為替相場を固定（ペッグ）しており，国際信用上においても安定した為替相場の下で，1985年のプラザ合意以降の円高・ドル安を背景に輸出の増大と資本流入が拡大し続けたのである。このようなバブルの状態は，1990年代前半まで続くこととなった。しかし，1995年以降円安・ドル高へと変化し，そのためドルにリンクしていたこれらの国々の通貨は増価することとなり，輸出競争力も次第に低下していくこととなった。

本来，タイの経常収支は赤字であり，それを上回る資本収支の黒字によって外貨準備を補ってきたのであるが，このような状況下で海外の投資家たちのタイ経済に対する不安が増大しはじめ，1996年の不動産の供給過剰によるバブル崩壊によってタイ国内の銀行が不良債権を顕在化させたことから，逆に資本流出が起こってしまったのである。また，バブル期におけるインフラ投資などの投資超過の部分を海外の資金に依存していたため，累積債務問題も深刻化していったのである。

このことから，1997年7月2日にタイはバーツの切下げを行ない，変動相場（管理フロート）制度へと移行したのである。このとき，バーツはわずか1日で15％減価した。そして，IMFが支援に乗り出した8月には，すでにバーツの価値は30％下落しており，その後もバーツは下落し続けた。

【インドネシアのケース】

　インドネシアも 1970 年代後半から 1980 年代前半において，タイと同様に通貨バスケットによる管理フロート制度を採用していたが，事実上，米ドルに対して為替相場を固定（ペッグ）しており，国際信用上においても安定した為替相場の下で，1985 年のプラザ合意以降の円高・ドル安を背景に順調に輸出の増大と資本流入が拡大し続けたのである。しかし，タイと異なる点としてはまず，インドネシアではタイのようなバブルは発生していなかったということである。また，タイで通貨危機が発生した時点において，インドネシア経済のファンダメンタルズは決して悪いものではなかった。

　なぜなら，経常収支は赤字であったが，9 月の初めごろまでは外貨準備を失ってはいなかったからである。インドネシアの通貨であるルピアが下落し始めたのは 9 月の下旬に入ってからであり，ルピア下落の大きさはタイに並ぶほどであったが，IMF の支援要請と支援プログラムが迅速に行なわれたため，協調介入の効果もあり，一時ルピアは上昇する傾向がみられた。しかし，支援プログラムの 1 つである不良銀行の取り潰しを行なったことで，預金保険機能の無いインドネシアでは取り付け騒ぎが起こり，国内の情勢不安などから再びルピアは下落することとなった。

【韓国や他のアジア諸国のケース】

　タイやインドネシア以外にも，韓国や ASEAN 諸国において通貨危機が発生している。しかし，一般に言われているように，タイの通貨危機が次々と波及していった訳ではなく，発生要因もタイとは大きく異なっていたのである。

　特に韓国の通貨危機はタイの通貨危機の発生から 4，5 ヵ月後に発生しており，タイム・ラグが存在するため，タイの通貨危機が直接，韓国の通貨危機を引き起こしたものではないということができる。また，タイの通貨危機の引き金となったのは，バブル崩壊であるが，韓国におけるバブル崩壊はかなり以前であり，バブル崩壊が直接，韓国の通貨危機の引き金になったということは明白ではないのである。韓国における通貨危機の発生要因としては，対円のウォ

ン相場の上昇による国際競争力の低下などで半導体などの輸出産業の不振が続き，さらにこれまでの財閥間での過剰な投資競争の結果として，1970年代に入って財閥の倒産が相次ぎ，銀行の不良債権が顕在化することとなったのである。このことが，韓国経済の国際的な信用を低下させ，通貨危機を引き起こしたと考えられるのである。

それ以外のASEAN諸国，たとえば，フィリピンなどでも通貨危機の影響が及んだが，タイのようにバブル経済の状態が存在したり，海外からの巨額の資本流入が行なわれたわけではないため，通貨危機の規模としては小さいものであり，IMFの支援プログラムに素早く対処したために改善の方向に向かっていると考えられている。

1.3 ロシア通貨危機

1980年代後半からすでに財政赤字が深刻化していたロシアでは，その大部分を海外短期資金によって調達しており，政策金利も高い状態であった。1990年代後半に入ると，原油価格の下落などを背景に産油国ロシアの財政赤字はますます深刻化していた。このような状況の中で，1997年7月にアジア通貨危機が発生することとなり，世界中の投資家の資金はアジア諸国から引き上げられた。経済のファンダメンタルが脆弱であるとみなされていたロシアに対しても海外からの資金が引き上げられるようになり，ルーブルの価値も下落し始めたのである。

このような状況に対して，ロシア政府は外国為替市場において大規模な為替介入（ルーブル買い）とさらなる金利の上昇によって，ルーブルの減価圧力と海外への資金流出の阻止を図ったが，逆に外貨準備の不足や金利上昇による財政赤字の悪化を懸念されることとなった。

その結果，1998年8月にロシア政府当局は，短期国債の支払い停止[注4]を発表し，ルーブルの切下げとデフォルト（債務不履行）を引き起こしたのである。

1.4 アルゼンチン通貨危機

1997年7月のアジア通貨危機および1998年8月のロシア通貨危機，そして1999年1月に発生したブラジルの通貨危機の影響を受けて経済状況の悪化したアルゼンチンは，2000年12月にIMFから400億ドルの緊急融資を受けた。しかしながら，2001年に入ると，ますます経済状況が悪化し，4月にはロペス・ムルフィ経済財政相に代わり1991年当時，同国経済相としてカレンシー・ボード制を導入したドミンゴ・カバーロ氏が新しく経済財政相に就任(注5)した。6月には295億ドルの政府債務の長期債務への借換えが実施されたが，7月頃に国債入札の不調から外貨準備が不足（8月初めには170億ドルまで減少）し，金融通貨危機の懸念が強まった(注6)。政府は財政緊縮政策を実施し，8月3日にはIMFからアルゼンチンに対する134億ドルの融資枠のうち，12億ドルを前倒してもらったのである。8月21日にはさらにIMFから80億ドルを追加融資されたが，この追加融資のうち30億ドルは政府債務のリストラが条件であった(注7)。強力な財政緊縮政策を実施しつつも，政府債務のリストラが進まない状況のもとで12月19日に非常事態宣言が出され，20日にはデラルア大統領とカバーロ経済財政相が辞任した。

1.5 通貨危機の共通の特徴

以上のことから，通貨危機の共通の原因としては，主に次の3点が挙げられる。まず，①通貨が過大評価され，実質上ドルに固定されていたということである。ドルにリンクすることで国際的な信用度が高まり，海外投資家たちによる投資が過剰に行なわれていたために，当該国の通貨が，本来のファンダメンタルズ（経済の基礎的条件）を背景にした相場以上に，その価値を過大評価されていたのである。

次に，②銀行部門をはじめとする金融システムの脆弱さという点である。通貨危機が発生したこれらの国々のほとんどは金融機関が未発達であり，国際決済銀行（BIS）が規制している銀行の自己資本比率（BIS2次規制では，リスク資産に対して8％の自己資本計上）の水準を下回っており，経営内容につい

ても不透明であった。しかも，それを監督・指導する法制度も預金者を保護する預金保険機構のような法制度も不備であったため，タイでは経営状態が悪化した不良銀行を潰すこともできず，また，インドネシアや他のアジア諸国では金融機関の破綻によって預金の取り付け騒ぎが起こる状態であった。このことが，さらに国際的な信用を低下させ，通貨下落を加速させる原因となったのである。

そして，③過大な短期対外債務である。ASEAN諸国の多くは経済発展のために過度な短期資本流入を行ない，国内貯蓄を大きく上回る国内投資をファイナンスすることによって経済成長を遂げてきたのである。しかし，経済不安に陥った際にはすぐに回収される性質を持つ証券投資や銀行借入などに占める短期資金の割合が高かったために，この資本流出が通貨危機を招き，外貨準備の減少とともに拡大する経常収支の赤字が債務問題となり，さらに通貨下落が加速する原因となったのである。

以上の3点の原因以外にも各国特有の歴史的，制度的問題がそれぞれ重なり，IMFの支援プログラムの採用・実施の妨げとなることで，通貨の下落，国内経済の悪化をさらに進めてしまう現状となっているのである。

これらの制度としての弱点の諸原因を分析し，解決の可能性を示すためにより多くの研究がなされてきた。そして，IMFは国際的な金融システムと決済システムを改善するための研究と，その実現のための諸政策をIMFプログラムのもとで実際に実施したのである。

しかし，アジア通貨危機後のタイやインドネシア，韓国に対するIMFプログラムについては，通貨危機に陥った加盟国だけではなく世界中から様々な批判が起こる結果となった[注8]。このことから，世界経済，特にアジア地域の再構築と経済危機に陥った加盟国への新たな支援体制を含むIMF自身の役割に関しても見直しが行なわれているのである。

その議論の中で，IMFが国際的な「最後の貸し手」として機能すべきであるのか，あるいは果たしてIMFは国際的な「最後の貸し手」として役割を果たすことが可能であるのかということが現在も議論されている[注9]。

2　IMFの役割

2.1　通貨危機の原因

　国際的な資本移動は，1990年以降に急速に増大し始めた(注10)。このような国際的な資本移動を加速させた原因として，スタンレー・フィッシャー（Stanley Fischer）は，①資本受入国における高い収益率，②先進工業国および開発途上国における国際資本取引の自由化，③資本受入国における金融システムの発展，④過去10年間の先進国経済における長期金利の低下傾向，⑤先進工業国における巨大な機関投資家の出現などを挙げている(注11)。

　このような資本市場のグローバル化を背景にして，IMFでは経常勘定の交換性(注12)と貿易の自由化と同様に，よりスムーズな国際資本移動を行なうために，資本勘定の自由化を促進するための改定作業を行なっていたが，1994年後半にメキシコにおいて通貨危機（テキーラ危機）が発生した。この原因としては，実行為替レートが過大評価されていたことや海外からの巨額な借入額の存在など，諸経済政策の失敗によって生じたマクロ経済のファンダメンタルズの変化によるものであると考えられている。

　さらに，1997年7月にはタイ・バーツの暴落を契機に，インドネシア，韓国等に伝播したアジア通貨危機が発生した(注13)。このアジア通貨危機の原因として様々な要因が挙げられているが，メキシコ危機のようなファンダメンタルズの変化によるものであるという考え方については否定的であり，危機に見舞われた国におけるモラルハザード(注14)と縁故資本主義（crony capitalism）によるものであるという考え方（Flood and Marion (1997)，Krugman (1998)）や対外準備残高（または対輸入額）に対する巨額の短期債務の存在によるものであるという考え方が多数を占めている(注15)。

　一般に通貨危機の過程は，次のようなものであると説明される。いま，新興市場国の1つで金融危機が発生すると，先進国の機関投資家や為替ディーラーはすぐに，近隣諸国の経済状況についての評価を見直す様に行動する。近隣諸

国の1つが市場の信認を失った場合には，自国通貨の為替相場を守るために，金利を引上げる政策が求められるのである。金利が上昇すると，資金調達コストが上昇するため，政府の財政面の問題が一層深刻となり，資産価格が下落して，地元の銀行や企業が打撃を受けることになるのである。その結果として通貨切下げを強いられる可能性が生じる。その国の銀行や企業の外貨建て借入れが過剰である場合には，完全な金融危機にまで発展する可能性があるのである(注16)。

2.2 通貨危機の経験とその対策

1994年後半に発生したメキシコ危機（テキーラ危機），1997年7月のタイ・バーツの暴落を契機にインドネシア，韓国等に伝播したアジア通貨危機，そして，1998年8月に発生したロシア危機，さらに金融不安に陥ったため，危機を未然に防ごうとしたアルゼンチンなど，過去10年間に世界中の途上国を中心とした金融危機は幾度も発生している。しかしながら，これまで説明してきたように，金融危機に陥った加盟国の原因はそれぞれ異なっており，対応策も当然異なるはずである。しかしながら，スタンレー・フィッシャーは通貨危機の経験を踏まえて，IMFの副専務理事としての立場から今後通貨危機を回避するために各国に共通したマクロ経済政策を説明している(注17)。

まず，世界経済の決済システムとして，どのような通貨体制が望ましいのかという点について，様々な議論が行なわれてきた。スタンレー・フィッシャーは，国家間を巨額の国際資本が日々移動しており，経済の依存関係が世界的により密接になっている現状のもとにおいては「一方的選択権（one way option）」を回避できるフロート制度（変動相場制度）が最も望ましいと説明している。次に望ましい制度としては変動（調整）可能な釘付け制度（adjustable peg）(注18)，そして最後に厳格に固定された為替相場制度（hard pegged rates）の順であると説明している(注19)。

これは，マンデル＝フレミング・モデルを基礎的なモデルとする『政策トリレンマ』の議論を前提にしたマクロ政策の有効性を基準とする考え方である。

『政策トリレンマ』とは,「①自由な国際資本移動,②為替相場の固定,③金融政策の自立性,の3つは鼎立しない」という議論である。なぜなら,マンデル＝フレミング・モデルによれば,巨額の国際資本が国際間を移動している今日の国際経済においては,固定相場制のもとでの拡張的金融政策は無効となってしまうために,当該国で通貨危機が発生し,その後のマクロ経済政策も効果が期待されず,実物経済への被害が拡大すると考えられるからである[注20]。

このような議論を背景として,アジア通貨危機以後,タイをはじめとする通貨危機に陥った多くの新興市場国は先進国と同様に②の固定相場制度を放棄して変動相場制度へと移行することを求められ,自国通貨を切り下げて①と③を維持したのである。

一方,マレーシアのマハティール首相はアジア通貨危機の原因はヘッジファンドによるものであるとみなし[注21],国際資本移動を規制して厳格な為替管理を行なうという政策を実行した。すなわち,①を放棄し,②と③を維持する政策を採用したのである。また,EUは域内において共通通貨であるユーロに移行することによって①と②を維持し,③を放棄するという政策を行なっている。

以上のことを整理すると,次の表Ⅱ.5.1のようにまとめることができる。

この政策トリレンマについて,それぞれが別の選択を行なった原因は,それぞれの政策目標が異なっているからである。①アジア通貨危機に陥った新興市

表Ⅱ.5.1　政策トリレンマへの対応

	①資本移動の自由	②固定為替相場	③金融政策の自立性	政策の目的
アジア通貨危機後の新興市場国	○	×	○	外国資本の導入
マレーシア	×	○	○	経済の自立
EU	○	○	×	域内の資本移動の自由化

場国のほとんどが目指した政策目標は,外国資本の流入を促進することによって経済の安定を図ることであった。これに対して,②マレーシアの選択した政策の組み合わせは,資本移動を制限することにより国内経済の自立を目指す政策であった。また,③EUの選択した政策の組み合わせは,EU域内の資本移動を自由化することによって経済の活性化を推進するという政策である。

このような政策の有効性について議論を行なう場合に注意しなければならないのは,経済政策を議論する前提としての為替相場制度の問題である。政策手段として,財政政策と金融政策のどちらが優れているのかという議論と,固定相場制度と変動相場制度はどちらが優れているのかという議論は別の次元の問題である[注22]。

本書においては,理想的な為替相場制度についての議論は行なわないこととし,現行の変動相場制度と管理為替相場を前提として議論を進めることにする[注23]。それ故,IMFの「最後の貸し手」についての議論は,経済政策の有効性についての議論であることに注意をしなければならない。

このように,加盟各国は独自の判断に基づいて通貨制度を採用しているが,スタンレー・フィッシャーは世界的な規模で自由な資本移動が行なわれている状況において,加盟国は変動相場制を採用することで金融政策に有効性を持たせることが必要であると提言し,その意味でも「最後の貸し手」としてのIMFの役割が重要であると述べているのである。

さらに,通貨危機に陥ったほとんどの加盟国はすでに外貨準備が不足していたか,あるいは通貨危機の際に自国通貨の防衛のために外貨を使い果たすこととなった[注24]。このとき,外貨準備高が多い国ほど通貨危機の対処に成功しているという事実から,スタンレー・フィッシャーは外貨準備保有高を増加させることを提言しているが,このことは「最後の貸し手」であるIMFに依存する割合を減らすべきであるということを意味しているのではないとも述べている。なぜなら,各国が外貨準備高を増加させる方法としては,①経常収支(貿易収支)の黒字化が挙げられるが,この方法は通貨危機に陥る可能性のある新興市場国にとっては実現が困難であり,可能であったとしても経常収支

(貿易収支)の黒字化は世界経済にデフレの要因を与えてしまうという懸念があるとしている。そのため、②SDRや各種のファシリティーのような国際間の合意(融資)によって外貨準備を獲得すべきであるとしている。その意味においても、IMFが「最後の貸し手」として機能することがより重要視されなければならないと述べているのである。

3 リーマン・ショック(世界同時不況)について

3.1 サブプライム・ローン問題

リーマン・ショック(Lehman Shock)とは、2008年9月15日に米国の大手投資銀行であったリーマン・ブラザーズが破綻(注25)したことをきっかけに世界的な金融危機(世界同時不況)をもたらした事件である。しかし、このアメリカ発の金融危機の発端は、米国の住宅バブルを引き起こしたサブプライム・ローン問題である。以下では、まずサブプライム・ローン問題の概要と、その問題点、さらにはその影響について説明する。

サブプライム・ローンとは、米国において通常、金融機関が融資をする信用力の高い個人向けローン(プライム・ローン)に対して、信用力の低い個人向け住宅融資(サブプライム・ローン)を指す。このサブプライム・ローンの登場によって、アメリカでは住宅建設ブームが起こり、日本もその恩恵を受けて家電製品などの販売が好調であった。しかしながら、サブプライム・ローンの行き過ぎは、1990年代後半からすでに住宅バブルとして一部の学者などから指摘されていた。2006年に入ると、住宅価格の上昇率が徐々に低下し、それとともにサブプライム・ローンはもともと信用力の低い個人向けの貸付であったため、ローンの延滞率が目立つようになったのである。この住宅バブルの崩壊は2007年の夏頃から問題が表面化し始め、リーマン・ショックへと続くことになったのである。

個人向けの住宅ローンの延滞がなぜ世界的な金融危機をもたらしたのかというと、このサブプライム・ローンが住宅ローン担保証券(RMBあるいは

図Ⅱ.5.1 輸出財市場—輸出量と輸出額

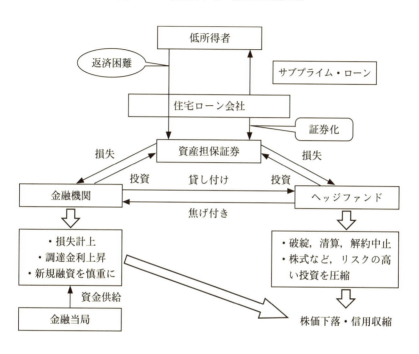

SMBS) という形で証券化された（サブプライム・モーゲージ；subprime mortgage）ためである。しかも，この証券がさらに債務担保証券（CDO）という形で再証券化されて世界中に金融商品として販売されたのである。そして，アメリカの住宅バブルの崩壊とともに，この証券化商品を購入した金融機関や投資家に巨額の損失が発生したのである。図Ⅱ.5.1は，サブプライム・ローン問題の構図である。

3.2 リーマン・ショック以降の世界経済への影響

　アメリカの大手投資銀行であったリーマン・ブラザーズの破綻をきっかけに世界中へと波及し，世界同時不況を引き起こした。その経済損失としては，次のような数字が発表されている。

金融機関全体の損失については，当初 IMF（国際通貨基金）は約 95 兆円に達すると予測していたが，2009 年 1 月 29 日の発表では，200 兆円の損失と修正した。また，アメリカ最大手証券会社の GS（ゴールドマン・サックス）は 120 兆円と予測している。

個別に発表された金融機関の損失額については，スイスの金融大手 UBS の損失が 1 兆 9,500 億円，アメリカ保険最大手の AIG が 2 兆 7,800 億円，シティ銀行が約 4 兆 4,000 億円，メリルリンチ社が約 3 兆 3,000 億円，みずほフィナンシャルグループが 5,650 億円，三井住友 FG が 4 月〜12 月期において 74％の減益（834 億円の損失）となり，金融危機による株式損失は 1,061 億円であったと公表している。さらに，アメリカ大手証券メリルリンチ社の会長は解任され，カリフォルニア州北部のバレーホ市（人口 12 万人）が破産申請する騒ぎとなった。

以下の図Ⅱ.5.2 は，サブプライム・ローン問題による世界経済への影響を表わしたものである。この図からも明らかなように，サブプライム・ローン問題はアメリカ国内に止まらず，欧州の金融市場へと波及し，世界中の金融機関へ広がるとともに世界中の景気悪化を招くことになったのである。

図Ⅱ.5.2　サブプライム・ローン問題による世界経済への影響

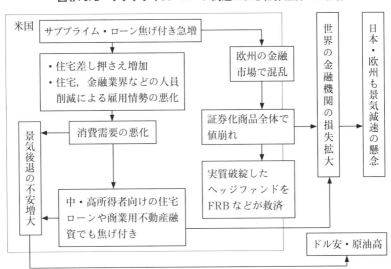

この世界同時不況に対して，欧米の各国政府は救済策に乗り出した。イギリス政府は自動車業界に対して2,900億円の支援を行い，アメリカ政府はアメリカの金融大手9社などに公的資金で2,500億ドルの資本注入を発表し，また預金保護の上限の一時的撤廃を決定した。さらに，オバマ大統領は総額約8,200億ドル（約74兆円）の大型景気対策法案を提出したのである。これによって，アメリカの財政赤字4,550億ドルとなった。しかし，アメリカの最大自動車メーカーであるGM破綻にも影響を及ぼしたのである。日本でも麻生政権のもとで14兆円の経済対策を実施し，中国では4兆元（約60兆円）の大規模な景気対策を実施したのである。

　このように，リーマン・ショックは，「100年ぶりの世界恐慌の再来」と呼ばれるほど，世界経済に大きな影響を与えることとなった。その影響を特に受けた欧州では，結果として2009年に「ギリシャ危機」を発生させ，共通通貨「ユーロ」の存在すら危ぶまれる深刻な事態を引き起こしたのである。

[注]
(1) 1997年4月にIMF暫定委員会は，IMF協定を改定して国際資本移動の自由化をIMFの中心に置き，IMFの法的権限が資本移動にも及ぶように拡大することが有益であるということに合意した。この資本自由化問題に対して賛否両論の議論が行なわれているが，アジア通貨危機の発生により，現時点において資本自由化は時期尚早であるとみなされている。
(2) 新興工業経済地域とは，OECDの定義において，香港・シンガポール・台湾・韓国・アルゼンチン・メキシコ・ブラジル・ギリシア・ポルトガル・ユーゴスラビアなど，発展途上国の中で急速な工業化と高い経済成長を遂げた国や地域のことであり，かつてNIEs（Newly Industrializing Economies）と呼ばれていたが，最近では発展途上国と体制移行国を指すエマージング市場諸国（Emerging Country）と表現されることが多い。
(3) 1991年3月にアルゼンチンの「通貨兌換法」に基づいて採用された通貨制度である。「カレンシーボード制」とは，通貨発行主体（＝アルゼンチンの場合には中央銀行）が対外準備資産に裏付けられた通貨発行を行なうことを前提として固定相場（アルゼンチンの場合には，1米＄＝1ペソ）での内外通貨の交換性が制度的に保証されると

いうことである。すなわち，

　　対外準備資産（外貨建て）／固定為替相場≧ベースマネー（国内通貨建て）

が義務付けられる制度である。カレンシーボードの対外準備資産およびそれに裏付けられる負債の定義は国によって異なっている。アルゼンチンの場合は，中央銀行の対外資産には，流動資産準備（金，外貨現・預金）に加えて，全体の1/3の額を上限としてドル建て国債保有額（市場評価額）を含めることを認めている。一方，中央銀行負債は，流通通貨額と対市中金融機関ネットレポポジション（中央銀行の資金吸収額－資金放出額）の合計と定義されている。

(4) ロシア政府は1999年以前に満期となる短期国債（3870億ルーブル（額面））の支払停止を発表したが，債権者との交渉の結果，現金による償還と新たな短期国債への転換が図られることとなった。

(5) ロペス・ムルフィ経済財政相は，元IMFと世銀のコンサルタントであった。IMFからの強い緊縮財政政策に不満を覚えたアルゼンチンでは，IMFではなく直接アメリカのブッシュ大統領（当時）と交渉したいとの政治的判断から，予算削減はしないという公約を行なったドミンゴ・カバーロ氏が新しい経済財政相に就任したのである。

(6) これは7月10日の新規国債発行の入札において，3ヵ月ものの短期国債の利回りが14%に高騰したことから，国債に対する危機感が高まり，デフォルト（債務不履行）の懸念が一層強くなったと考えられる。

(7) しかし，IMFのブラジルへのスタンドバイ・クレジットが150億ドルと巨額であったため，かえってアルゼンチンの資金流出は拡大したのである。

(8) 矢野生子「アジア通貨危機とIMF」『佐賀大学経済論集』1998年を参照。

(9) この議論は「信用創造」を行なうことができないIMFのシステムが，実際に「最後の貸し手」として役割を果たすことが可能であるのかという問題意識に基づいた議論として重要である。

(10) 1989年以降の東西両ドイツの統合やソビエト連邦の解体などによって，国際金融市場が拡大したことが遠因として考慮されなければならないであろう。

(11) Stanley Fischer, "Capital Account Liberalization and the Role of the IMF", *paper presented at the International Monetary Fund's Seminar on Asia and the IMF*, Hong Kong, Sep.19, 1997.

(12) 経常勘定の交換性とは，IMF原協定の第8条において経常取引に関して交換性を維持することが加盟国の義務であるとされ（IMF 8条国），第14条において例外的に過渡期における為替管理を認めている（IMF 14条国）。これに対して，資本取引に関する交換性の義務付けはなく，第6条において規制を認めているに過ぎない。

(13) タイの通貨危機は香港返還の翌日であることは興味深い問題である。
(14) IMF 通貨危機に陥った国に対して巨額の資金融資を行なってきたが,その都度,当該国のモラルハザードの問題について批判されてきた。これに対して,IMF はモラルハザードを危機に陥った国が融資を受けるために無謀な振る舞いをするものではなく,むしろ債務不履行を宣言するくらいなら当該国は IMF に助けを求めるだろうという期待を民間部門が持ち,安易に貸し付けを行なうためによるものであるとしている。
(15) 1998 年にはロシア危機,1999 年初めにはブラジル危機が発生した。
(16) この通貨危機の発生過程において,ヘッジファンドの役割が大きいという説もある。しかし,その因果関係を理論的に説明するためには,当該国の資料等についての制約も多く容易ではない。
(17) Stanley Fischer, "On the need for an international lender of last resort", *Essays in International Economics*, No.220, Nov., 2000.
(18) Stanley Fischer は,「変動可能な釘付け制度」を flexible rate とも表現している。
(19) 「…しかし,いくつかの国々は為替相場を固定し続けるであろう。不安定な債務の原動力や対外債務の不適切な処理は変動可能な為替相場の国にもありうるであろうし,フロート制を採用している国に関してでさえ,国際的な投資家達の感情によるはっきりとしたシフトが恐慌や悪影響を始めさせることがある。」(Stanley Fischer, "On the need for an international lender of last resort", *Essays in International Economics*, No.220, Nov., 2000.)
(20) しかし,自由な国際資本移動のためには,為替リスクが存在しないと期待される固定相場制度が望ましいはずである。この点は,経済の自由化政策とは矛盾している。
(21) マレーシアのマハティール首相は,1997 年の 9 月の IMF と世界銀行の総会において,外国為替投機に反対する主張を展開し,ヘッジファンドを「グローバル経済の追剥である」と非難した。
(22) 国際的な資本移動がスムーズに行なわれるためには,カントリーリスクと為替リスクが低く抑えられることが必要である。そのためには,固定相場制度のほうが優れていると考えられる場合についても研究する必要があるのである。
(23) ここでは,理想的な国際決済システムはどうあるべきかの議論については言及しないこととする。
(24) 通貨危機に陥った国のほとんどは,通貨危機以前に,外貨準備不足に直面していたという事実を考察しなければならない。
(25) リーマン・ブラザーズの倒産は史上最大と言われ,その負債総額は約 6,000 億ドル(約 64 兆円)と公表されている。

第III部

オープン・マクロ・モデル

海外との財やサービスの取引を無視して一国の経済を考えることは不可能である。また，国際貿易とその決済だけではなく，近年盛んになっているように海外との資本取引，すなわち，国際間の長期的・短期的な資本移動を無視しても，一国の経済を語ることはできない。

この第III部においては，第II部において説明したような，国際間の金融問題や国際収支の問題，そして国際間の決済の問題についての基礎知識を前提としながら，ケインズ的な考え方を背景としたマクロ・モデルを開放体系として拡張して，財政金融政策の効果や為替相場の調整と対内均衡と対外均衡の調整問題についての説明を行なう。

まず，第1章においては，マクロ経済学の基礎知識の整理として，閉鎖体系下のマクロ・モデルと財政金融政策の効果等について簡単に説明する。

次に，第2章においては，生産物市場の均衡モデルを利用して，開放体系下のマクロ・モデルを説明し，財政金融政策の効果について説明する。

第3章においては，二国間モデルによって一国の有効需要の変化が国際的波及過程を通して海外に影響するメカニズムとその反作用としての国内経済への影響について説明し，国と国が国際貿易を通して経済的に互いに深くつながり合っていることを説明する。

第4章においては，IS-LMモデルを開放体系モデルとして再構築することによって，固定相場制度のもとでの財政・金融政策と変動相場制度のもとでの財政・金融政策の効果の比較分析について説明する。特に，ケインジアン対マネタリストのモデルの差異を考慮しながら分析を進める。その後，このモデルの特殊な例として，国際間の利子率格差に反応して国際間の資本移動が速やかに行なわれると想定される場合について，いわゆる「マンデル＝フレミング・モデル」について説明する。

第1章

閉鎖体系下のマクロ・モデル

1 国民所得決定の理論

国民所得水準の決定は生産物市場の均衡条件によって説明されると考えるならば，一定期間の国民所得水準は，以下のようなモデルによって決定されると説明することができる。

《有効需要の理論と国民所得の決定》

いま，経済諸変量を一定期間のフローの大きさで定義する。すなわち，Y を国民所得の大きさ，C を消費額，I を民間投資額，G を政府支出額とすると，消費額と投資額と政府支出額の合計によって決定される有効需要の大きさは $C+I+G$ であるから，ケインズの「有効需要の理論」から国民所得水準 Y が決定される。この「有効需要の理論」で決定される所得水準の値を生産物市場の均衡条件によって決定される値であると考えるならば，一定期間における総供給額 Y は，一定期間における総需要額 $C+I+G$ の大きさに等しいと考えることができるので，生産物市場の均衡条件として次の（Ⅲ.1.1）式が成立する。

$$Y=C+I+G \tag{Ⅲ.1.1}$$

マクロ経済学においては，経済全体の消費の大きさは経済全体についての所得の大きさの増加関数として定義される。いま，経済全体の消費額を C，所得額を Y として，消費関数を F と表わすと，消費関数は次のように表わされる。

$$C=F(Y), \quad 1>b=dC/dY=F_Y>0, \quad d^2C/dY^2<0$$

ここで，$b=dC/dY$ は消費額の変化の所得額の変化に対する割合であり，「限界消費性向」と呼ばれる。一般には，消費額は所得の増加額以上には増加

できないと考えられるので,「限界消費性向は1よりも小さい」と考えることができる。

消費の大きさを決定する要因の中で所得水準の大きさに依存しない「基礎消費額」の部分は歴史的・社会的要因によって決定されると考えられるので，マクロ経済学が想定する短期の期間においては一定所与である。また，民間投資の大きさ I は景気動向等によって決定されるから，いま，市場利子率 r の水準を外生的に所与であると仮定すると，短期的には一定の値であると考えることができる。政府支出の大きさ G は政策変数であり，モデルにおいては政策パラメーターである。均衡国民所得水準は，次の（Ⅲ.1.2）式が成立する Y_E の値として定義される。

$$Y_E = C(Y_E) + I + G \tag{Ⅲ.1.2}$$

いま，図Ⅲ.1.1は，総需要額の大きさを表わす $C+I+G$ 線と45度線の交点Eにおいて均衡所得水準（Y_E）が決定されることを示している。ここで，G は政府支出の大きさを，I は民間投資の大きさを，C_0 は基礎消費の大きさを，それぞれ表わしている。

以上の説明から，生産物市場の均衡モデルにおいて，国民所得水準の大きさ

図Ⅲ.1.1 国民所得の決定

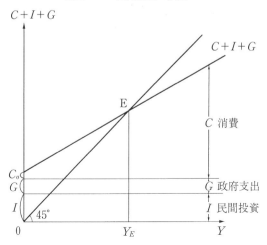

Yは「他の条件にして等しき限り」，民間投資水準Iと政府支出Gの大きさによって決定されることが理解される。

《消費関数と限界消費性向》
(1) **平均消費性向**（APC；Average Propencity to Consume）；経済全体についての消費額Cの大きさの国民所得Yの大きさに対する割合は「平均消費性向（APC）」，あるいは簡単に「消費性向」と呼ばれ，APC＝C/Yで定義される。
(2) **限界消費性向**（MPC；Marginal Propencity to Consume）；経済全体について，国民所得の増大$\triangle Y$に対する消費額の増大$\triangle C$の割合は「限界消費性向（MPC）」と呼ばれ，MPC＝$\triangle C/\triangle Y$で定義される。

《貯蓄関数と貯蓄性向》
　貯蓄Sは，一定期間の所得Yの中からその期間中に消費Cされなかった残りの大きさとして定義される。すなわち，$S \equiv Y-C$，であるから貯蓄関数は所得水準と消費関数との関係から導出される。

　　$S(Y)=Y-C(Y)$

　ケインズ経済学の消費関数の性質から，経済全体の貯蓄の大きさは，経済全体についての所得の大きさについての増加関数として定義される。すなわち，所得が増加すると，貯蓄は増加すると考えるのである。貯蓄関数は，次のように表わすことができる。

　　$S=S(Y)$,　　$dS/dY=S_Y>0$,　　$0<dS/dY<1$

　ここで，dS/dYは貯蓄額の変化の所得額の変化に対する割合であり，「限界貯蓄性向」と呼ばれる。一般には，貯蓄額は所得の増加額以上には増加できないと考えられるので，「限界貯蓄性向は1よりも小さい」と考えることができる。
(1) **平均貯蓄性向**（APS；Average Propencity to Saving）；経済全体についての貯蓄額Sの大きさの国民所得Yの大きさに対する割合は「平均貯蓄

性向（APS）」，あるいは簡単に「貯蓄性向」と呼ばれ，APS＝S/Yで定義される。

(2) **限界貯蓄性向**（MPS；Marginal Propencity to Saving）；経済全体について，国民所得の増大$\triangle Y$に対する貯蓄額の増大$\triangle S$の割合は「限界貯蓄性向（MPS）」と呼ばれ，MPS＝$\triangle S/\triangle Y=s$で定義される。

図Ⅲ.1.2は，貯蓄Sと消費Cとの関係を表わしたものである。すなわち，傾きが限界貯蓄性向で表わされる貯蓄関数は，45度線から傾きが限界消費性向で表わされる消費関数を引いた残りとして導き出されるのである。あるいは，消費関数と貯蓄関数の縦軸で測った合計として45度線が表わされるのである。

図Ⅲ.1.2 消費関数と貯蓄関数

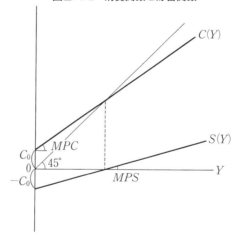

2 財政政策と財政乗数

《財政乗数》

生産物市場の均衡モデルにおいて国民所得水準の大きさYは「他の条件にして等しき限り」，政府支出Gの大きさによって決定されることから，(Ⅲ.1.2)式を政府支出の大きさGについて微分して整理することによって（Ⅲ.1.2）'式のように国民所得に与える影響を説明することができる。

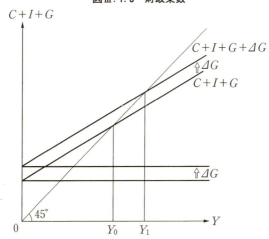

図Ⅲ.1.3　財政乗数

$$\frac{dY}{dG} = \frac{1}{1-b} = \frac{1}{s} \qquad (Ⅲ.1.2)'$$

　すなわち，政府の赤字財政政策 dG は国民所得水準を変化させることができることが説明されるのである。この（Ⅲ.1.2）′式の関係「1マイナス限界消費性向分の1」は，「ケインズ乗数」あるいは「財政乗数」と呼ばれ，政府支出の変化が所得水準を変化させることができると考えるのである。また，この乗数は消費額と貯蓄額の関係から「限界貯蓄性向分の1」で表わすこともできる。この財政乗数は，図Ⅲ.1.3によって説明することができる。

《租税乗数》

　政府の租税収入（T）を定額税の部分（T_0）と定率税の部分（tY）とからなると考えると，租税収入 T は T_0+tY で表わされる。

　ここで，家計が支出することができる予算は税引き後の所得，すなわち，可処分所得は，次のように定義される。

　　$C = C(Y_D),\qquad Y_D = Y - T = Y - (T_0 + tY)$

　いま，線形の消費関数を仮定すると，均衡所得水準は次の（Ⅲ.1.3）式のように求めることができる。

$$Y = a + b[Y-(T_0+tY)] + I + G$$
$$[1-b(1-t)]Y = a - bT_0 + I + G$$
$$Y = \frac{a - bT_0 + I + G}{1-b(1-t)} \tag{Ⅲ.1.3}$$

ここで，a は基礎消費，b は限界消費性向（$=C_Y$）である。

《定額税の租税乗数》

政府の租税収入（T_0）は定額税だけであるとして，政府の租税額の変化（dT_0）が所得水準に与える影響（dY）を求めると，（Ⅲ.1.3）式から次の（Ⅲ.1.4）式を導出することができる。

【定額税の租税乗数】　$\dfrac{dY}{dT_0} = -\dfrac{b}{1-b}$ （Ⅲ.1.4）

この乗数は，定額税の場合の「租税乗数」と呼ばれる。

《定率税の租税乗数》

租税が所得水準に対して一定率（t）で課される場合，政府の租税率の変化（dt）が所得水準に与える影響（dY）を求めると，（Ⅲ.1.3）式から次の（Ⅲ.1.5）式を導出することができる。

【定率税の租税乗数】　$\dfrac{dY}{dt} = \dfrac{-bY}{1-b(1-t)}$ （Ⅲ.1.5）

《均衡予算乗数》

政府が均衡予算を維持しながら，財政政策を行なうならば，$\triangle G = \triangle T_0$ でなければならない。上で説明した，（Ⅲ.1.2）'式の「財政乗数」と（Ⅲ.1.4）式の「租税乗数」より，均衡予算乗数は1であることが，次の（Ⅲ.1.6）式のように説明される。

【均衡予算乗数】　$\dfrac{dY}{dG} + \dfrac{dY}{dT_0} = \dfrac{1}{1-b} - \dfrac{b}{1-b} = 1$ （Ⅲ.1.6）

《超乗数》

投資関数が景気感応的であることを想定すると，所得水準の変動に対して民間の投資水準は変化すると考えられる。このように民間投資の所得水準に対する変化の仕方を考慮した乗数を「超乗数」と言う。いま民間投資の誘発投資の大きさを I_i，その水準の景気（Y）に対する感応度を v とし，独立投資を I_0 とすると，国民所得水準の大きさは，次の（Ⅲ.1.7）式のように決定される。

$$Y = C + I = C + I_i + I_0 = a + bY + vY + I_0$$
$$(1 - b - v)Y = a + I_0$$
$$Y = (a + I_0)/(1 - b - v) \tag{Ⅲ.1.7}$$

【超乗数】 $\dfrac{dY}{dI_0} = \dfrac{1}{1 - b - v}$ （Ⅲ.1.7）'

このように，民間投資の有効需要への影響は独立投資の乗数効果だけではなく，誘発投資の影響も考慮しなければならないことから，「超乗数」として説明されるのである。

《貿易乗数》

開放体系のマクロ・モデル（オープン・マクロ・モデル）における，国民所得の決定式は，次のように表わされる。

$$Y = C(Y) + I + G + X - M(Y)$$

いま，a を基礎消費，b を限界消費性向，m を限界輸入性向とすると，「貿易乗数」は，次のように定義される。

$$Y = a + bY + I + G + X - mY$$
$$(1 - b + m)Y = a + I + G + X$$
$$Y = (a + I + G + X)/(1 - b + m)$$

【貿易乗数】 $\dfrac{dY}{dX} = \dfrac{1}{1 - b + m} = \dfrac{1}{1 - 限界消費性向 + 限界輸入性向}$ （Ⅲ.1.8）

この貿易乗数は，図Ⅲ.1.4によって説明することができる。

いま，この経済の輸出が X_0 から X_1 に ΔX だけ増大すると，国内の有効需要水準は E_0 から E_1 に上昇するので，国民所得は Y_0 から Y_1 に増加する。この

図Ⅲ.1.4 貿易乗数

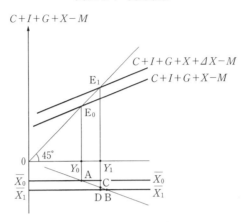

とき、輸入は所得の増大を反映して増加するが、その増加の大きさは限界輸入性向によって決定されるので輸出の増加ほどは大きくはない。このため、貿易収支は、当初 A 点で均衡していたとすると、CD の幅だけ黒字になるのである。

3 IS-LM モデル

有効需要の決定要因の1つである投資は、利子率の減少関数であると考えられる。それ故に、均衡国民所得水準が決定されるためには民間投資が利子率に対して反応的であることを前提としてマクロ・モデルを考えなければならない。

このようなマクロ・モデルは、ヒックス＝ハンセン流のIS-LMモデル（生産物市場と金融市場の同時均衡）と呼ばれるものである。

《生産物市場の均衡条件式》

IS-LM モデルにおいて生産物市場の均衡条件式は、次の式の体系として定義され、図Ⅲ.1.5のように右下がりの IS 曲線として表わされる。

【生産物市場の均衡条件】　　$Y = C + I + G$　　　　　　（Ⅲ.1.9a）

【消費関数】　　　　　　　　$C = C(Y-T), \quad 1 > C_Y > 0$　（Ⅲ.1.9b）

【投資関数】　　　　　　　$I=I(r)$, $I_r<0$　　　　　　（Ⅲ.1.9c）

【政府支出の規模】　　　　$G=\overline{G}$　　　　　　　　（Ⅲ.1.9d）

（Ⅲ.1.9b）式，（Ⅲ.1.9c）式と（Ⅲ.1.9d）式を（Ⅲ.1.9a）式に代入すると，生産物市場の均衡条件式（Ⅲ.1.10）式が得られる。

$$Y=C(Y-T)+I(r)+\overline{G} \qquad (\text{Ⅲ.1.10})$$

この関係は，次のような関係として説明することができる。いま，利子率 r が低下して投資 I が増加するならば，生産物市場が均衡するためには所得 Y が増加して貯蓄 S が増加することが必要である。あるいは，利子率 r が上昇して投資 I が減少するならば，生産物市場の均衡のためには所得 Y が減少して貯蓄 S が減少することが必要である。

家計の予算制約式，$Y-C=S_P+T$ より，$S_P(Y)+T=I(r)+G$ とみることができる。ここで，S_P は民間貯蓄である。または，$S_G(=T-G)$ を政府貯蓄とすると，（Ⅲ.1.10）式は，次の（Ⅲ.1.10）' ように変形することができる。

$$S_P+S_G=S(Y)=I(r) \qquad (\text{Ⅲ.1.10})'$$

すなわち，政府の予算制約条件と家計の予算制約条件を考慮すると，生産物市場の均衡条件式を表わす（Ⅲ.1.10）' 式は，経済全体の貯蓄と投資の均衡式

図Ⅲ.1.5　IS-LM 分析

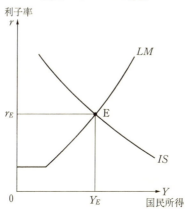

を表わしているのである。

《貨幣市場の均衡条件》

上の IS 曲線においては，市場利子率 r が民間投資の大きさ I に与える影響を議論した。次に，市場利子率の決定について考える。

ヒックス＝ハンセン流の IS-LM モデルにおける貨幣市場の均衡条件式は，国内の貨幣供給量（H）が一定であるという仮定のもとで，ケインズの「流動性選好仮説」を前提として，図Ⅲ.1.5のように，右上がりの LM 曲線として表わされる。ここで，経済が「ケインズ・トラップ」の状態の場合には，LM 曲線は水平となる。

【貨幣市場の均衡条件式】　　$H = L$　　　　　　　　　　　（Ⅲ.1.11a）
【貨幣需要関数】　　$L = L(Y, r), \quad L_Y > 0, \quad L_r > 0$　　（Ⅲ.1.11b）
【貨幣供給】　　　　$H = H_0$　　　　　　　　　　　　　　（Ⅲ.1.11c）

（Ⅲ.1.11b）式は，「流動性選好仮説」に基づく貨幣需要関数を示している。ここで，「流動性選好仮説」に基づく貨幣需要には，(a)所得動機に基づく貨幣需要 L_1 と呼ばれる①予備的動機に基づく貨幣需要と，②取引的動機に基づく貨幣需要があり，所得の増加関数として定義される。また，利子率の減少関数として定義される貨幣需要として，(b)投機的動機に基づく貨幣需要 L_2 があり，（Ⅲ.1.11b）式の貨幣需要関数 L は，これらの貨幣需要の合計として次のように表わされる。

$L = L(Y, r) = L_1(Y) + L_2(r)$

【所得動機に基づく貨幣需要】　　$L_1 = L_1(Y), \quad L_{1Y} > 0$
【投機的動機に基づく貨幣需要】　$L_2 = L_2(r), \quad L_{2r} < 0$

すなわち，貨幣市場の均衡条件式は，次の（Ⅲ.1.12）式のように表わされる。

$H = L(Y, r)$　　　　　　　　　　　　　　　　　　　　　（Ⅲ.1.12）

この（Ⅲ.1.12）式の関係は，貨幣供給量が一定不変のもとで貨幣市場が均衡するためには，「所得動機に基づく貨幣需要」の増加（減少）に対しては「投機的動機に基づく貨幣需要」が減少（増加）することが必要であることを

《生産物市場と貨幣市場の同時均衡》

ヒックス＝ハンセン流の IS-LM モデルは，生産物市場の均衡条件と貨幣市場の均衡条件の2つの市場の同時均衡条件として，IS 曲線と LM 曲線の交点において均衡所得水準と均衡利子率が決定されることを説明するものである。均衡所得水準 Y_E と均衡市場利子率 r_E は，政府支出 G と租税額 T の値を所与として，次の (Ⅲ.1.10E) 式と (Ⅲ.1.12E) 式の連立方程式の解として求められるのである。

$$Y_E = C(Y_E - T) + I(r_E) + G \qquad (Ⅲ.1.10E)$$

$$H = L(Y_E, r_E) \qquad (Ⅲ.1.12E)$$

この関係は図Ⅲ.1.5 で表わすことができる。ここで，点 E は IS 曲線と LM 曲線の交点であり，Y_E は均衡所得水準，r_E は均衡市場利子率を決定している。

《IS-LM モデルの解の存在条件》

モデルを構築した場合には，そのモデルが導く均衡解が経済的に意味のある均衡解であることを説明しなければならない。このような経済的に意味のある均衡解が存在することを説明するための条件を「解の存在条件」という。

以上の IS-LM モデルの同時均衡条件が経済学的に意味がある非負解（$Y_E > 0$，$r_E > 0$）を持つための条件は，モデルの性質から容易に説明することができる。すなわち，IS 曲線は第1象限内において右下がりの曲線として表わされ，LM 曲線は縦軸の左下に切片を持つ右上がりの曲線として表わされることから，両者は第1象限において必ず1点 (Y_E, r_E) において交わることが説明されるのである。すなわち，

$$I(r_E) = S(Y_E)$$

$$H = L(Y_E, r_E)$$

$$Y_E \geq 0, \quad r_E \geq 0$$

である。ここで，$r(Y)|_{IS} \gtreqless r(Y)|_{LM}$ as $Y \lesseqgtr Y_E$ である。

4　解の安定条件と政策の効果

「解の存在条件」によって，経済的に意味のある均衡解が存在することが説明されたならば，今度はその均衡解が経済政策によって，どのように変化するかを調べることが必要である。そのためには，当初の均衡解が経済政策によって，新しい均衡解に到達することを証明しなければならない。そのための条件を「解の安定条件」という。

《生産物市場の安定条件》

IS曲線は生産物市場の均衡条件を表わしており，限界消費性向が1よりも小であることから，生産物市場は安定条件を満たしていることが説明される。この関係は，IS曲線の右側の領域においては生産物市場は超過供給であるため，所得が次第に減少すること，IS曲線の左側の領域においては生産物市場は超過需要であるため，所得が次第に増加するという生産物市場の調整機能があることから説明される。

《貨幣市場の安定条件》

LM曲線は貨幣市場の均衡条件を表わしており，予備的動機と取引的動機に基づく貨幣需要が所得に関して増加関数であることと，投機的動機に基づく貨幣需要が利子率に関して減少関数であることから，LM曲線の右下の領域においては貨幣市場は超過需要の領域であることが説明されるためにこの領域では市場利子率は次第に上昇すること，LM曲線の左上の領域においては貨幣市場は超過供給の領域であることから，この領域においては市場利子率が次第に低下するという貨幣市場の調整機能があることから説明される。

《IS-LMモデルの均衡解の安定条件》

以上の2つの市場のそれぞれ安定条件から，IS-LMモデルの均衡解は安定

条件が満たされていることが説明されるのである。

しかし、所得の調整スピードと利子率の調整スピードとの調和がとれた安定条件を満たしているか否かについては、IS-LM モデルの均衡解を、次のような連立微分方程式の安定条件として吟味しなければならない。

いま、α を生産物市場の調整係数、β を貨幣市場の調整係数とすると（$\alpha>0$, $\beta>0$）、次のような連立微分方程式体系として考えることができる。

$$\dot{Y}=\alpha[I(r)-S(Y)]$$
$$\dot{r}=\beta[L(r, Y)-H]$$

ここで、H は貨幣の実質残高であり、変数の上の・は時間 t に関する変化率（dx/dt）を表わしている。この連立微分方程式を Y と r に関して均衡近傍（r_E, Y_E）において 1 次近似すると、次のような連立方程式体系として表わすことができる。

$$\dot{Y}=\alpha[I_r(r-r_E)-S_Y(Y-Y_E)]$$
$$\dot{r}=\beta[L_r(r-r_E)+L_Y(Y-Y_E)]$$

この連立方程式が経済的に意味のある解を持つためには、特性方程式が次の条件を満たすことが必要である。

$$\begin{vmatrix} -S_Y-\lambda & I_r \\ L_Y & L_r-\lambda \end{vmatrix}=0$$

すなわち、次の式が成立する。

$$\lambda^2+(S_Y-L_r)\lambda-(L_YI_r+L_rS_Y)=0$$

ここで、マクロ諸変数の性質から、次の条件が成り立つことが証明される。

$$\lambda_1+\lambda_2=-(S_Y-L_r)<0$$
$$\lambda_1\cdot\lambda_2=-(L_YI_r+L_rS_Y)>0$$
$$\lambda_1<0, \quad \lambda_2<0$$

すなわち、IS-LM モデルの均衡は均衡近傍において「第 1 種の安定条件」を満たすことが証明されるのである。

《比較静学分析》

均衡所得水準 Y_E と均衡市場利子率 r_E の変化は，（Ⅲ.1.10）式と（Ⅲ.1.12）式の連立方程式の解の変化として求められる。いま，（Ⅲ.1.10）式と（Ⅲ.1.12）式を全微分して整理すると，次の（Ⅲ.1.13）式が導出される。

$$\begin{bmatrix} 1-C_Y & -I_r \\ L_Y & L_r \end{bmatrix} \begin{bmatrix} dY \\ dr \end{bmatrix} = \begin{bmatrix} dG - C_Y dT \\ dH \end{bmatrix} \quad (Ⅲ.1.13)$$

この（Ⅲ.1.13）式を逆行列を利用することによって，財政金融政策の効果を均衡解の変化として，次の（Ⅲ.1.14）式のように表わすことができる。

$$\begin{bmatrix} dY \\ dr \end{bmatrix} = \begin{bmatrix} 1-C_Y & -I_r \\ L_Y & L_r \end{bmatrix}^{-1} \begin{bmatrix} dG - C_Y dT \\ dH \end{bmatrix}$$

$$= \frac{1}{D} \begin{bmatrix} L_r & I_r \\ -L_Y & 1-C_Y \end{bmatrix} \begin{bmatrix} dG - C_Y dT \\ dH \end{bmatrix} \quad (Ⅲ.1.14)$$

ここで，$D = L_r(1-C_Y) + I_r L_Y < 0$ である。

このように，システムの安定性を前提にして外生変数の変化に対応した均衡解の変化を調べることによって経済の変化を分析する方法を「比較静学分析」という。

5 マクロ経済政策の効果

5.1 財政政策の効果

（Ⅲ.1.13）式から財政政策の効果は，次の（Ⅲ.1.Y.G）式と（Ⅲ.1.r.G）式のように表わされる。

$$\frac{dY}{dG} = \frac{L_r}{D} > 0 \quad (Ⅲ.1.Y.G)$$

$$\frac{dr}{dG} = -\frac{L_Y}{D} > 0 \quad (Ⅲ.1.r.G)$$

図Ⅲ.1.6において，財政政策は IS 曲線を右側にシフトさせることから，LM 曲線との交点は E_0 から E_1 へと右上へ移動する。それ故に，均衡国民所得

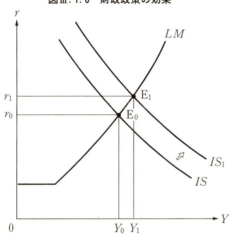

図Ⅲ.1.6 財政政策の効果

は Y_0 から Y_1 へ増加し，均衡市場利子率 r_0 から r_1 へと上昇することが説明される。すなわち，財政政策は所得を増加させ，利子率を上昇させるのである。

5.2 租税政策の効果

(Ⅲ.1.13) 式から租税政策の効果は，次の (Ⅲ.1.Y.T) 式と (Ⅲ.1.r.T) 式のように表わされる。

$$\frac{dY}{dT} = -\frac{L_r C_Y}{D} < 0 \qquad (Ⅲ.1.Y.T)$$

$$\frac{dr}{dT} = \frac{L_Y C_Y}{D} < 0 \qquad (Ⅲ.1.r.T)$$

図Ⅲ.1.7 において，租税政策の効果は IS 曲線を左側にシフトさせることから，LM 曲線との交点は E_0 から E_2 へと左下へ移動するため，均衡国民所得は Y_0 から Y_2 へ減少し，均衡市場利子率 r_0 から r_2 へと下落することが説明される。すなわち，租税政策は前の財政政策とは反対に所得を減少させ，利子率を低下させるのである。このとき，租税政策の所得減少効果はプラス・マイナスの逆ではあるが絶対値で比較して，財政政策の効果ほどは大きくないことが

図Ⅲ.1.7 租税政策の効果

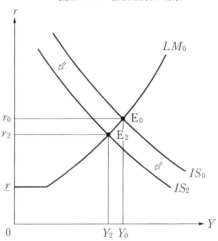

(Ⅲ.1.Y.G) 式と (Ⅲ.1.Y.T) 式を比較することによって説明することができる。

減税政策の効果については,$dT<0$ と考えることによって説明することができる。すなわち,減税政策は所得を増大させ,利子率を上昇させるのである。

5.3 金融政策の効果

(Ⅲ.1.13) 式から,金融政策の効果は,次の (Ⅲ.1.Y.H) 式と (Ⅲ.1.r.H) 式のように表わされる。

$$\frac{dY}{dH}=\frac{I_r}{D}>0 \qquad (Ⅲ.1.Y.H)$$

$$\frac{dr}{dH}=\frac{1-C_r}{D}<0 \qquad (Ⅲ.1.r.H)$$

図Ⅲ.1.8 において,金融政策の効果は,LM 曲線を LM_3 のように右にシフトさせることから,IS 曲線との交点は E_0 から E_3 へと右下へ移動する。それ故に,均衡国民所得は Y_0 から Y_3 へ増加し,均衡市場利子率 r_0 から r_3 へと低下することが説明される。すなわち,金融政策は所得を増加させ,利子率を低

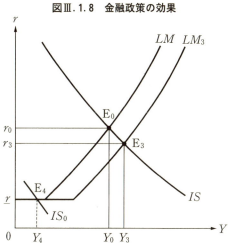

図Ⅲ.1.8 金融政策の効果

下させるのである。

ケインズ・トラップの状態において経済が均衡する場合には，マクロ経済の均衡は点 E_4 で説明され，そのときの市場利子率は $\underline{r}$，国民所得水準は Y_4 である。

第 2 章

オープン・マクロ・モデル

本章では,簡単なケインジアンのオープン・マクロ・モデルを用いて,開放体系下の国民所得水準と市場利子率の決定について,マクロ経済政策の効果を説明する。

1 ケインジアン・アプローチ（旧 IMF 体制―固定相場制度）

最初に,固定相場制度のもとで,この国の国際的な取引の動向は国際市場に影響を与えないという意味において「小国」を想定する。また,民間による国際間の自由な資本移動はない,あるいはコントロール可能であると仮定する。

ケインジアン・アプローチは,ケインズの「有効需要の理論」を生産物市場の均衡条件を説明するモデルとして解釈することによって,次の（Ⅲ.2.1）式のように定義される。

$$Y = C + I + G + X - eM \qquad (\text{Ⅲ}.2.1)$$

ここで,Y は国民所得水準,C は消費額,I は投資額,G は政府支出額,X は輸出額,M は輸入額,e は邦貨建ての為替相場であり,右辺の合計額はこの経済の一定期間の有効需要の大きさを表わしている。

ここで,国内で消費に支出される財・サービスの大きさ C は国内で生産された消費財への支出 C_D と海外から輸入された消費財への支出 C_M の合計であり,同様に国内の投資される投資財への支出は国内で生産された投資財への支出 I_D と海外から輸入された投資財への支出 I_M の合計である。また,政府支出も同様に,国内で生産された財への支出 G_D だけではなく,海外で生産されて輸入された財への支出 G_M も考慮しなければならないため,それぞれの支出については,次のような関係が成立する。

$$C = C_D + C_M$$
$$I = I_D + I_M$$
$$G = G_D + G_M$$
$$X = X_D + X_M$$

この関係を（Ⅲ.2.1）式に代入すると，次の（Ⅲ.2.1）′式のように表わされる。

$$Y = C_D + C_M + I_D + I_M + G_D + G_M + X_D + X_M - eM \tag{Ⅲ.2.1}′$$

この式を変形して，$C_M + I_M + G_M + X_M = M$，であることを考慮すると，次の（Ⅲ.2.1）″式のように表わされ，（Ⅲ.2.1）式は国内で生産された財の需給均衡条件を表わしていることが説明されるのである。

$$\begin{aligned} Y &= C_D + I_D + G_D + X_D + (C_M + I_M + G_M + X_M - eM) \\ &= C_D + I_D + G_D + X_D \end{aligned} \tag{Ⅲ.2.1}″$$

また，$A = C + I + G$ とすれば，（Ⅲ.2.1）式は $Y - A = X - eM$ と表わされる。ここで，A は国内総支出でありアブソープションと呼ばれる。これは，国内の総供給額が総需要額を上回るとき（$Y > A$），輸出は輸入を上回っており（$X > eM$），貿易収支は黒字であることを示している。また，国内の総供給額が総需要額を下回るとき（$Y < A$），輸出は輸入を下回っており（$X < eM$），貿易収支は赤字であることを示している。このような説明方法は「アブソープション・アプローチ」と呼ばれている。

いま，消費 C は可処分所得（$Y - T$）の増加関数邦貨建て為替相場の減少関数であり，投資 I は所得 Y の増加関数，国内の市場利子率 r の減少関数，輸出 X は邦貨建て為替相場 e の増加関数であり，輸入 M は国内の所得 Y の増加関数であり，邦貨建て為替相場 e の減少関数であるとすると，それぞれの関数は，次のように表わされる。

【消費関数】　　$C = C(Y - T, e)$，　$1 > C_{Y-T} > 0$，　$C_e < 0$

【投資関数】　　$I = I(Y, r)$　　，　$I_Y > 0$　　　，　$I_r < 0$

【輸出関数】　　$X = X(e)$　　　，　$X_e > 0$

【輸入関数】　　$M = M(Y, e)$　，　$M_Y > 0$　　，　$M_e < 0$

ここで，T は租税額の規模であり，e は邦貨建ての為替相場を表わしている。

また，交易条件 $\tau = \dfrac{P_X}{P_M}$ の改善は，たとえば輸入財価格 P_M の低下によって，ある所得水準のもとで貯蓄を高め，国内財への消費を減少させるように働くという「ロールセン＝メッツラー効果」を仮定すると，「固定相場制度の場合は邦貨建て為替相場の切下げによって，「変動相場制度の場合」は為替相場の減価によって，国内の消費財への需要は増加することが示される。

【生産物市場の均衡条件】

以上の各関数を（Ⅲ.2.1）式に代入して整理すると，次の（Ⅲ.2.1a）式のように固定相場制度のもとでの国内の生産物市場の均衡条件式を導き出すことができる。

$$Y = C(Y-T, e) + I(Y, r) + G + X(e) - eM(Y, e) \qquad (Ⅲ.2.1a)$$

【貿易収支】

B_T を貿易収支と定義すると，貿易収支は一定期間の輸出額マイナス輸入額として，次の（Ⅲ.2.2）式のように定義される。

$$B_T = X - M = X(e) - eM(Y, e) \qquad (Ⅲ.2.2)$$

（Ⅲ.2.1）式と（Ⅲ.2.2）式は，図Ⅲ.2.1のように表わすことができる。ここで，45度線は総供給関数を表わしていると考えるならば，総需要曲線は傾きが $c-m+\rho$ の曲線として表わされている。ここで，ρ は誘発投資の国民所得に対する感応度である。第一象限の点Eは生産物市場の均衡条件を示しており，Y_E は均衡国民所得水準を表わしている。

また，第四象限の水平線で表わされる $\overline{X}$ 線は，所与の為替相場のもとでの輸出の大きさが一定の大きさであることを表わしている。右下がりの M 線は所得の増加に従って輸入額が増加することを示しており，輸入関数を表わしている。$\overline{X}$ 線と M 線が交叉する点Tは国民所得の大きさが Y_E のとき輸出額と輸入額が等しく，貿易収支が均衡していることを表わしている。国民所得水準が Y_E よりも大きい場合，たとえば，所得水準が Y_F の水準の場合には，輸入

規模が大きくなるために貿易収支は赤字になる。また、国民所得水準が Y_E よりも小さい場合、たとえば、所得水準が Y_N の場合には、輸入規模が小さくなるために貿易収支は黒字になることを表わしている。

図Ⅲ.2.1 開放経済体系下の国民所得決定

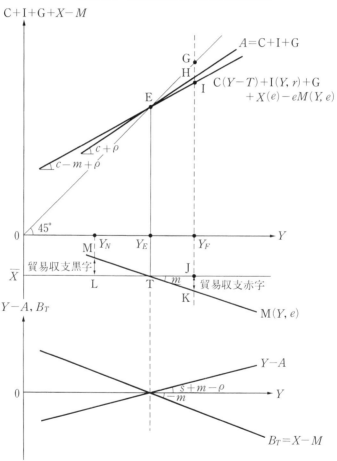

【双子の赤字について】

(Ⅲ.2.1) 式より，貿易収支は国内の財市場の超過供給として，次のように定義することができる。

$$X - eM = Y - C - I - G$$

ここで，民間の貯蓄 S_P は，一定期間の国内の所得 Y から租税額 T と消費額 C を引いた残りとして，次のように定義される。

$$S_P \equiv Y - T - C$$

この貯蓄の定義式を上の貿易収支と財市場の超過供給との関係式に代入すると，貿易収支と政府余剰と貯蓄・投資のバランスとの間に，次のような関係式が成立する。

$$X - eM = (T - G) + (S_P - I)$$

ここで，政府余剰・政府貯蓄を S_G と定義すると，この式は，次のように変形することができる。

$$X - eM = S_G + S_P - I$$

政府貯蓄 S_G と民間貯蓄 S_P の合計がこの経済の貯蓄総額 S であるから，この式は，次のように書き表わすことができる。

$$X - eM = S - I$$

すなわち，国内の貯蓄総額と国内の投資総額の差が貿易収支に等しいということが説明されるのである。

これは，一国の経済において，貿易収支が黒字（赤字）であるならば，この経済の貯蓄総額は投資総額を上回っている（下回っている）ということである。あるいは，政府余剰の赤字（黒字）と民間の過小貯蓄（過剰貯蓄）との合計は赤字（黒字）であるということを意味しているのである。

この関係は，たとえば，アメリカの「双子の赤字」について説明することができる。すなわち，アメリカの貿易収支の赤字とアメリカ政府（中央政府と地方政府の合計）の財政赤字とアメリカ経済の過小貯蓄は同時に同じ経済的メカニズムから発生することを説明するのである。

これは，アメリカ経済の貿易収支が赤字であるから，アメリカ政府の財政赤

字が発生するという意味ではないこと，また，逆にアメリカ政府の財政赤字とアメリカ経済の過剰消費・過小貯蓄がアメリカ経済の貿易収支赤字の原因であるという意味ではないことに注意しなければならない。そして，同様な意味で日本の貿易収支の黒字がアメリカの貿易収支の赤字の原因ではないことにも注意しなければならない。「双子の赤字」とは，国内の経済システムのメカニズムを原因として発生するのであって，双子の弟が双子の兄の足を引っ張るという意味ではないことを理解する必要があるのである。

　第Ⅱ部第3章でも説明したように，戦後のブレトン・ウッズ体制のもとでアメリカのドルが金に代わって基軸通貨となったこと，それ故にアメリカのドルの供給，すなわち，貿易収支の赤字化とアメリカ政府の財政の赤字によって，世界に過剰のドルが供給され，そのドルがアメリカ経済に還流するというメカニズムが機能することによって，アメリカ・ドルとアメリカの金融システムが世界の貿易や国際金融において重要な役割を果たさなければならなかったことが，アメリカ経済に「双子の赤字」が発生する本当の原因なのである。

2　政策の効果

【比較静学分析】

　貿易収支の大きさを表わす（Ⅲ.2.2）式から，Y, e の変化に対する貿易収支 B_T の変化について見ることによって，国内の景気水準 Y と為替相場 e，海外の景気水準の変化によって生ずる輸出額 X の変化に対する貿易収支 B_T への影響について見ることができる。ここで，当初，貿易収支は均衡しており（$X=eM$），為替相場（e）は1であると想定すると，次の（Ⅲ.2.3）式のような関係が得られる。

$$\frac{dB_T}{de} = X_e - eM_e - M = \frac{X}{e}\frac{e}{X}\frac{\partial X}{\partial e} - M\frac{e}{M}\frac{\partial M}{\partial e} - M$$
$$= M(\eta_X + \eta_M - 1) \gtreqless 0 \qquad (\text{Ⅲ.2.3})$$

この関係は，輸出の価格弾力性 η_X と輸入の価格弾力性 η_M の和が1よりも

大であるとき，為替相場の下落は貿易収支を改善し，為替相場の切上げは貿易収支を悪化させることが説明される。このような関係（$\eta_X + \eta_M - 1 > 0$）は，「マーシャル＝ラーナー条件」と呼ばれる。

【対内均衡】

前節の（Ⅲ.2.1）式と（Ⅲ.2.2）式内の政策変数（外生変数）である政府支出 G，租税額 T，国内市場利子率 r，為替相場 e，海外の景気水準の変化によって生ずる輸出額 X の変化に対する国内の所得水準 Y の変化と貿易収支 B_T への変化を見ることによって，それぞれの政策変数の国内の景気動向と貿易収支に及ぼす影響について見ることができる。

すなわち，（Ⅲ.2.1a）式を G，T，r，e について偏微分することによって，次の（Ⅲ.2.1a）′式を得ることができる。

$$(1 - C_Y - I_Y + eM_Y)dY = dG - C_Y dT + I_r dr + (X_e - eM_e - M + C_e)de$$

$$dY = \frac{dG - C_Y dT + I_r dr + (X_e - eM_e - M + C_e)de}{1 - C_Y + eM_Y - I_Y} \quad (\text{Ⅲ.2.1a})'$$

ここで，限界貯蓄性向を s，限界輸入性向を m，誘発投資の国民所得水準に対する感応度を ρ で表わすと，（Ⅲ.2.1a）′式はそれぞれ次のように定義される。

$s = 1 - C_Y$ 【限界貯蓄性向＝1－限界消費性向】

$m = eM_Y$ 【限界輸入性向】

$\rho = I_Y$ 【誘発投資の国民所得水準に対する感応度】

$$dY = \frac{dG - C_Y dT + I_r dr + \{M(\eta_X + \eta_M - 1) + C_e\}de}{s + m - \rho} \quad (\text{Ⅲ.2.1a})''$$

ここで，この経済の経済的に意味のある均衡条件は存在することを前提に議論を進める。また，生産物市場の安定条件は，$1 > C_Y - eM_Y + I_Y$，あるいは，$s + m - \rho > 0$ である。

(1) 赤字財政政策の効果

いま，経済が図Ⅲ.2.2の点 E_0 において均衡しており，貿易収支は均衡（対

外均衡は実現)しているけれども,国内には失業が存在する場合について考える。

(Ⅲ.2.1a)″式より,次の(Ⅲ.2.G)式と(Ⅲ.2.Gd)式が導出される。

$$\frac{dY}{dG}=\frac{1}{s+m-\rho}>0 \tag{Ⅲ.2.G}$$

$$\frac{dB_T}{dG}=-m\frac{dY}{dG}=\frac{-m}{s+m-\rho}<0 \tag{Ⅲ.2.Gd}$$

図Ⅲ.2.2 赤字財政政策の効果

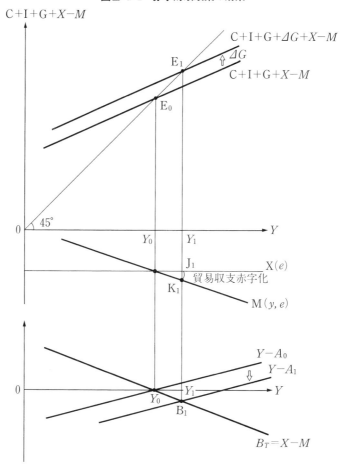

国内の景気刺激的な財政政策を行なった場合，(Ⅲ.2.G) 式より財政乗数の大きさだけ国民所得は増加し，(Ⅲ.2.Gd) 式より貿易収支は財政乗数によって増加した所得の大きさから導出される輸入額の増加分だけ，すなわち J_1K_1 の幅だけ貿易収支が悪化することが説明される。

(2) 増税政策の効果

　いま，経済が図Ⅲ.2.3の点 E_0 において均衡しており，貿易収支は均衡（対外均衡は実現）しているけれども，国内には超過需要が存在する場合について考える。

　(Ⅲ.2.1a)″ 式より，次の (Ⅲ.2.T) 式と (Ⅲ.2.Td) 式が導出される。

$$\frac{dY}{dT} = \frac{-C_Y}{s+m-\rho} < 0 \qquad (\text{Ⅲ.2.T})$$

$$\frac{dB_T}{dT} = -m\frac{dY}{dT} = \frac{mC_Y}{s+m-\rho} > 0 \qquad (\text{Ⅲ.2.Td})$$

　国内においてインフレ抑制的な増税政策を行なった場合，(Ⅲ.2.T) 式より租税乗数の大きさだけ国民所得は減少し，(Ⅲ.2.Td) 式より貿易収支は租税乗数によって減少した所得の大きさから導出される輸入額の減少分だけ貿易収支が L_2M_2 の幅だけ改善することが説明される。

　減税政策の場合の効果については，以上の分析を $dT<0$ と考えることによって説明することができる。すなわち，減税政策による効果は (Ⅲ.2.T) 式よる租税乗数の大きさだけ国民所得は増加し，(Ⅲ.2.Td) 式より貿易収支は租税乗数によって増加した所得の大きさから導出される輸入額の増加分だけ貿易収支が悪化するのである。

図Ⅲ.2.3 増税政策の効果

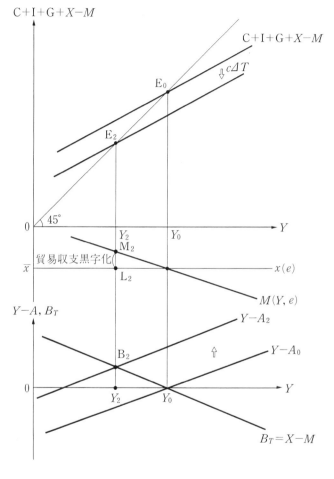

(3) 低金利政策の効果

いま，経済が図Ⅲ.2.2 の点 E_0 において均衡しており，貿易収支は均衡（対外均衡は実現）しているけれども，国内には超過供給が存在するデフレ経済のときにおいて，低金利政策によって国内の景気を刺激しようとする場合について考える。

(Ⅲ.2.1a)″ 式より，次の (Ⅲ.2.r) 式と (Ⅲ.2.rd) 式が導出される。

$$\frac{dY}{dr} = \frac{I_r}{s+m-\rho} < 0 \qquad (\text{III}.2.\text{r})$$

$$\frac{dB_T}{dr} = -m\frac{dY}{dr} = -\frac{mI_r}{s+m-\rho} > 0 \qquad (\text{III}.2.\text{rd})$$

　低金利政策によって国内の景気を刺激しようとする場合は，利子率の下落は投資の増加によって投資乗数の大きさだけ所得が増大し，それによる輸入増加の効果分だけ貿易収支は J_1K_1 の幅だけ悪化することが説明される。この関係は，図III.2.2の財政支出の効果を説明する場合と同様に説明することができる。

　金融引き締め政策の場合は，$dr>0$ と考えることによって説明することができる。この場合は，金利の上昇によって投資が減少し，それによって投資乗数の大きさだけ所得が減少することから，輸入が減少して貿易収支は改善されるのである。

(4) 為替相場切下げの効果

　いま，経済が図III.2.4の点 E_0 において均衡しており，貿易収支は均衡（対外均衡は実現）しているけれども，国内には超過供給が存在するデフレ経済の場合について，為替相場の切下げ政策によって国内の景気を刺激しようとする場合について考える。

　(III.2.1a)" 式より，次の (III.2.e) 式と (III.2.ed) 式が導出される。

$$\frac{dY}{de} = \frac{M(\eta_X+\eta_M-1)+C_e}{s+m-\rho} \gtreqless 0 \quad \text{as} \quad M(\eta_X+\eta_M-1)+C_e \gtreqless 0 \qquad (\text{III}.2.\text{e})$$

$$\frac{dB}{de} = M(\eta_X+\eta_M-1) \gtreqless 0 \quad \text{as} \quad \eta_X+\eta_M-1+ \gtreqless 0 \qquad (\text{III}.2.\text{ed})$$

　為替相場の切下げ政策によって国内の景気を刺激しようとする場合は，「マーシャル＝ラーナー条件」が満たされているということが前提である。為替相場の下落による輸出額の増加と輸入額の減少によって貿易乗数の大きさだけ国民所得が Y_0 から Y_3 へ増大し，貿易収支の悪化が生ずることが説明される。

　為替相場の切下げによる交易条件の悪化は，輸入財価格の上昇によって，ある所得水準のもとで貯蓄を低下させ，国内財への消費を増加させるように働く

という「ロールセン＝メッツラー効果」を仮定すると、「固定相場制度の場合は邦貨建て為替相場の切下げによって、「変動相場制度の場合」は為替相場の減価によって、国内の消費財への需要は増加することが示されるのである。

「ロールセン＝メッツラー効果」によって消費財の輸入が減少する場合は、図Ⅲ.2.4のように国民所得は Y_3 ではなく Y_4 へと増加することが説明される。

図Ⅲ.2.4　為替相場切下げによる輸出増加の効果

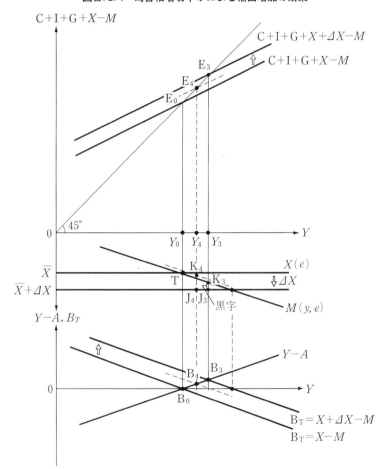

第3章

開放体系下の IS-LM モデル

第Ⅲ部第1章で簡単に説明したヒックス＝ハンセン流の IS-LM モデルを，貿易収支と資本収支についての分析を考慮に入れて，開放体系下のマクロ・モデル（オープン・マクロ・モデル）として定式化する。

1 国際収支

1.1 貿易収支（$T=0$ 線）

いま，この経済の一定期間の貿易収支残高を T，輸出額を X，輸入額を M とする。輸入額は国民所得水準 Y の増加関数であり，邦貨建て為替相場 e の減少関数であるとすると，この経済の一定期間の貿易収支残高は，次の（Ⅲ.3.1）式のように定義される。

$$T = X - eM(Y, e), \quad 1 > m = M_Y > 0, \quad M_e < 0 \qquad (\text{Ⅲ}.3.1)$$

$$\frac{\partial T}{\partial e} = \frac{\partial X}{\partial e} - e\frac{\partial M}{\partial e} - M = \frac{X}{e}\eta_X + M\eta_M - M = M(\eta_X + \eta_M - 1) = M\xi \gtreqless 0$$

$$\text{as} \quad \xi \gtreqless 0$$

ここで，m は限界輸入性向であり，η_X は輸出の価格弾力性，η_M は輸入の価格弾力性である。以下では，この経済についての「マーシャル＝ラーナー条件」は満たされる（$\xi > 1$）と仮定して分析を進める。

所与の為替相場 $e = e_0$ のもとでの貿易収支の均衡条件は，一定期間内の輸入額と輸出額が等しいことであるから，$X(e_0) = e_0 M(Y, e_0)$ より，他の条件にして等しい限り，一定の輸出額（X_0）に対して一定の所得水準 Y_0 が決定されるのである。たとえば，図Ⅲ.3.1 の $T=0$ 線のように，横軸の $Y=Y_0$ を通る垂直な直線として描かれる。

図Ⅲ.3.1 貿易収支・資本収支・国際収支

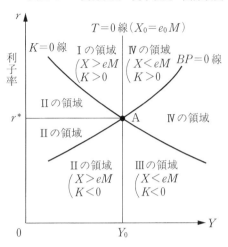

1.2 資本収支（$K=0$ 線）

いま，この経済の一定期間の資本収支残高を K（長期資本収支），国内利子率を r，世界利子率を r^* とする。

国際間の資本移動は国民所得水準 Y の増加関数であり，また国際間の利子率格差にも反応すると仮定すると，資本収支の定義式は次のように表わされる。

$$K=K(Y, r-r^*), \quad K_Y>0, \quad K_r>0 \tag{Ⅲ.3.2}$$

ここで，$K_Y>0$ は国内の景気の上昇によって海外からの資本流入が促進されることを表わしている。また，$r-r^*$ は国際間の利子率格差を示しており，$K_r>0$ は国内の利子率が上昇し，世界利子率との格差が広がるほど，海外からの資本がより多く国内に流入することを表わしている。

資本収支の均衡条件式は上の（Ⅲ.3.2）式の性質より，下記の（Ⅲ.3.2）'式が導出され，図Ⅲ.3.1の $K=0$ 線のように，右下がりの曲線として表わされる。

$$\left.\frac{dr}{dY}\right|_{K=0} = -\frac{K_Y}{K_r}<0 \tag{Ⅲ.3.2'}$$

1.3 国際収支

この経済の一定期間の国際収支残高 B は,貿易収支残高 T と資本収支残高 K の合計として,次の(Ⅲ.3.3)式のように定義される。

$$B = T + K = X(e) - eM(Y, e) + K(Y, r - r^*) \qquad (Ⅲ.3.3)$$

図Ⅲ.3.1において,領域Ⅰは貿易収支と資本収支の両者が黒字である領域である。領域Ⅱは貿易収支は黒字であり,資本収支は赤字である領域である。領域Ⅲは貿易収支と資本収支が両者とも赤字である領域である。領域Ⅳは貿易収支は赤字であり,資本収支は黒字である領域である。

ここで,国際収支の均衡条件を表わす $BP=0$ 線は,貿易収支の均衡条件を表わす $T=0$ 線と資本収支の均衡条件を表わす $K=0$ 線の合成から描かれる。すなわち,$BP=0$ 線は貿易収支が黒字(赤字)の場合は資本収支が赤字(黒字)であり,その額が同じ大きさである領域を通ることから,領域Ⅱと領域Ⅳを通る右上がりの曲線として表わされる。

《資本移動が完全なケース》

後の節で説明する「マンデル=フレミング・モデル」の場合のように,「国際間の資本移動が完全である」と想定される場合は,国際間の資本移動の利子率弾力性が無限大であるケース($K_r \to \infty$)であり,国際収支の均衡条件を表わす $BP=0$ 線は,海外で決定される一定の利子率($r=r^*$)のもとで水平な直線として表わされる。

$$\left. \frac{dr}{dY} \right|_{r=r^*} = 0 \qquad (Ⅲ.3.2)''$$

この場合は,資本収支の均衡条件式($K=0$)は,r^* を通る水平の直線として表わされる。

2 オープン・マクロ・モデル

2.1 生産物市場の均衡条件

オープン・マクロ・モデルにおける，生産物市場の均衡条件式は貿易収支 ($T=X-eM$) を考慮して，次の（Ⅲ.3.4）式のように表わされる。

$$Y=C(Y)+I(r)+G+X(e)-eM(Y, e) \qquad (Ⅲ.3.4)$$

$(0<C_Y<1), \quad (I_r<0), \quad (0<M_Y<1)$

縦軸に利子率 r，横軸に国民所得水準 Y を取る一般的な IS-LM 図表と同様に，貿易収支を考慮した右下がりの IS 曲線として描かれる。

2.2 貨幣市場の均衡条件と不胎化政策

オープン・マクロ・モデルでは，貨幣市場の均衡条件式には，対外バランスによって生ずる外貨の流出・流入が国内の貨幣供給量に影響を与えないように通貨当局が取り組む政策としての「不胎化政策」が有効である場合と有効ではない場合について区別して考察しなければならない。

「不胎化政策」とは通貨当局が国際収支の変動から発生する外貨の流入や流出によって生ずる国内の貨幣供給量への影響を相殺するための政策であり，「管理為替相場制度」や「固定相場制度」の場合にのみ議論する必要がある。「変動相場制度の場合」には「金融の隔離効果」が働くと期待されているために不要であると考えられている。

一般に「不胎化政策」が有効である場合には，国内の貨幣供給量Hは対外バランスとは独立に国内の信用創出との関係から政策的に管理され国内の経済政策との関連で一定の水準に維持されるために，クローズド・モデルと同様に次の（Ⅲ.3.5-c）式のように表わされる。

これは一般的な IS-LM 図表と同様に右上がりの LM 曲線として描かれる。ただし，「ケインズ・トラップ」の状態では水平な直線として描かれる。

$$H=L(Y, r), \quad L_Y>0, \quad L_r<0 \qquad (Ⅲ.3.5\text{-c})$$

ここでは，H は実質残高（＝貨幣供給量）であり，貨幣需要 L は国民所得 Y の増加関数であり，利子率 r の減少関数である。

しかし，「不胎化政策」が有効ではない場合には，国際収支の黒字・赤字を反映して国内の貨幣供給量が増減するために，貨幣市場の均衡条件式は，次の（Ⅲ.3.5-δ）式のように表わされる。

$$H+\delta B=L(Y, r), \quad L_Y>0, \quad L_r<0, \quad 0<\delta<1 \qquad (\text{Ⅲ}.3.5-\delta)$$

ここで，B は国際収支の大きさを，δ は不胎化政策のパラメーターを表している。すなわち，$\delta=0$ のときは不胎化政策が完全に有効に機能している状態であり，$\delta=1$ の場合は不胎化政策が完全に失敗している状態である。実際の経済においては，不胎化政策の政策パラメーターである δ は 0 と 1 の間であると想定することが妥当であると考えられる。

3 固定相場制度の場合

為替相場が $e=e_0$ の値で政策的に固定されているという意味で「固定相場制度」の場合の国内のマクロ経済の均衡と対外バランスとの関係は，次の 3 本の連立方程式体系によって表わされる。ここで，経済的に意味のある均衡解の存在については，前章までの議論と同様に各変数の性質から説明される。

$$Y=C(Y)+I(r)+G+X(e_0)-e_0 M(Y, e_0) \qquad (\text{Ⅲ}.3.4.\text{R.})$$
$$H+\delta B=L(Y, r) \qquad (\text{Ⅲ}.3.5\text{-}\delta.\text{R.})$$
$$B=X(e_0)-e_0 M(Y, e_0)+K(Y, r-r^*) \qquad (\text{Ⅲ}.3.3.\text{R.})$$

この 3 本の連立方程式を全微分して整理すると，次の（Ⅲ.3.6）式のように表わされる。

$$\begin{bmatrix} s+m & -I_r & 0 \\ L_Y & L_r & -\delta \\ m-K_Y & -K_r & 1 \end{bmatrix} \begin{bmatrix} dY \\ dr \\ dB \end{bmatrix} = \begin{bmatrix} dG+M\xi de \\ dH \\ M\xi de-K_r dr^* \end{bmatrix} \qquad (\text{Ⅲ}.3.6)$$

ここで，m は限界輸入性向，s は限界貯蓄性向であり，為替相場は当初 1 であ

るとする（$e_0=1$）。δ は不胎化政策の政策パラメーター，$\xi>0$ は「マーシャル＝ラーナー条件」である。

いま，（Ⅲ.3.6）式を逆行列を利用して解くと，次の（Ⅲ.3.7）式のように外生変数としての政策変数の変化に対する均衡解の変化を求めることができる。

$$\begin{bmatrix} dY \\ dr \\ dB \end{bmatrix} = \begin{bmatrix} s+m & -I_r & 0 \\ L_Y & L_r & -\delta \\ m-K_Y & -K_r & 1 \end{bmatrix}^{-1} \begin{bmatrix} dG+M\xi de \\ dH \\ M\xi de - K_r dr^* \end{bmatrix}$$

$$= \frac{1}{A} \begin{bmatrix} L_r - \delta K_r & I_r & \delta I_r \\ -L_Y - \delta(m-K_Y) & s+m & \delta(s+m) \\ -L_Y K_r - L_r(m-K_Y) & K_r(s+m) - I_r(m-K_Y) & L_r(s+m) + I_r L_Y \end{bmatrix}$$

$$\times \begin{bmatrix} dG+M\xi de \\ dH \\ M\xi de - K_r dr^* \end{bmatrix} \quad (Ⅲ.3.7)$$

ここで，モデルの諸性質，$0<s<1$, $0<m<1$, $I_r<0$, $L_r<0$, $L_Y>0$, $0<\delta<1$, $K_r>0$, $K_Y>0$, $\xi>0$ より次の式が成立する。

$$A = [L_r(s+m) + I_r L_Y] - \delta[K_r(s+m) - I_r(m-K_Y)] < 0$$

《安定条件》

このマクロ・モデルにおいて経済的に意味がある均衡解が存在することを前提として，この体系の安定条件について考える。いま，（Ⅲ.3.4.R.）式と（Ⅲ.3.5-δ.R.）式，（Ⅲ.3.3.R.）式から，この経済モデルの体系を，所得水準 Y と利子率 r との調整モデルとして，次のような微分方程式体系で表わされると考える。ここで，各市場の調整速度は1であると仮定する。

$$\dot{Y} = [C(Y) + I(r) + G + X(e_0) - e_0 M(Y, e_0) - Y]$$
$$\dot{r} = [L(Y, r) - H - \delta\{X(e_0) - e_0 M(Y, e_0) + K(Y, r-r^*)\}]$$

この微分方程式体系を均衡近傍において線形化することによって，次のような線形の微分方程式体系として表わされる。

$$\dot{Y} = -(s+m)(Y-Y_E) + I_r(r-r_E)$$
$$\dot{r} = [L_Y + \delta(m-K_Y)](Y-Y_E) + (L_r - \delta K_r)(r-r_E)$$

この特性方程式は次のように求められることから,均衡解が安定条件を満たすためには,λの係数と行列式が正であれば保証される。

$$\begin{vmatrix} -(s+m)-\lambda & I_r \\ L_Y+\delta(m-K_Y) & L_r-\delta K_r-\lambda \end{vmatrix} = 0$$

$$\lambda^2 + [(s+m)-(L_r-\delta K_r)]\lambda$$
$$-(s+m)(L_r-\delta K_r) - I_r\{L_Y+\delta(m-K_Y)\} = 0$$

すなわち,貯蓄性向sと輸入性向m,流動性選好(L_r, L_Y),資本移動(K_r, K_Y)についてのこれまでの仮定からこの体系から導出される均衡解は,安定条件を満たすことが証明される。

$$(s+m)-(L_r-\delta K_r) > 0$$
$$-(s+m)(L_r-\delta K_r) - I_r\{L_Y+\delta(m-K_Y)\} > 0$$

以上のような計算結果と安定条件から,次のように各政策の効果について分析を行なうことができる。

(1) 財政政策の効果

財政政策の効果は,(Ⅲ.3.7)式の財政支出Gに関する国民所得Y,利子率r,国際収支Bへの影響として,次の(Ⅲ.3.8-Y)式,(Ⅲ.3.8-r)式,(Ⅲ.3.8-B)式のように得られる。

$$\frac{dY}{dG} = \frac{L_r - \delta K_r}{A} > 0 \qquad (Ⅲ.3.8\text{-Y})$$

$$\frac{dr}{dG} = \frac{-L_Y - \delta(m-K_Y)}{A} > 0 \qquad (Ⅲ.3.8\text{-r})$$

$$\frac{dB}{dG} = \frac{-L_Y K_r - L_r(m-K_Y)}{A} \lessgtr 0 \quad as \quad -\frac{L_Y}{L_r} \gtrless \frac{m-K_Y}{K_r} \qquad (Ⅲ.3.8\text{-B})$$

一般的に赤字財政政策によって所得水準は上昇し,市場利子率は上昇することが知られている。しかし,国際収支への影響については,ケインズ経済学的

なマクロ・モデルを前提にする場合と，マネタリスト的なマクロ・モデルを前提とする場合では，その効果が異なると考えられているのである。それは，ケインズ経済学的なマクロ・モデルを前提にする場合には，国内の貨幣市場を均衡させるための利子率の変化の大きさは，国際収支を均衡させるために資本収支が調整されるために必要な利子率の変化よりも，少ない幅の変化であることが想定されるからである。

これに対して，マネタリスト的なマクロ・モデルにおいては，ケインズ的な想定とは逆の想定がなされるのである。すなわち，利子率格差によって生ずる国際間の資本移動は，国内の貨幣市場に均衡条件をもたらす利子率の変化よりも少ない変動幅ですみやかに調整されると想定されるのである。

図III.3.2K はケインズ経済学的なマクロ・モデルを前提にした図であり，$BP=0$ 線の傾きは LM 線の傾きよりも急に描かれている。赤字財政政策によって，IS 曲線は右にシフトする。このとき，国内の均衡所得水準は Y_0 から Y_1^K へ上昇し，市場利子率は r_0 から r_1^K へと上昇するのである。しかし，国際収支の均衡条件を表わす，$BP=0$ 線の傾きは貨幣市場の均衡条件を表わすLM曲線の傾きよりも急であるために，マクロ経済の新しい均衡点 E_1^K は，$BP=0$ 線より

図III.3.2K （ケインジアン・ケース）財政政策の効果

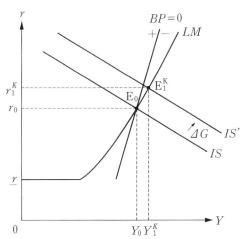

も下の領域にあるため、国際収支は赤字の状態になることが説明されるのである。

図Ⅲ.3.2Mはマネタリスト的なマクロ・モデルを前提にした図であり、LM線の傾きは$BP=0$線の傾きよりも急に描かれている。先のケースと同様に、赤字財政政策によって、IS曲線は右にシフトする。このとき、国内の均衡所得水準はY_0からY_1^Mへ上昇し、市場利子率はr_0からr_1^Mへと上昇するのである。しかし、国際収支の均衡条件を表わす、$BP_M=0$線の傾きは貨幣市場の均衡条件を表わすLM曲線の傾きよりも緩やかであるために、マクロ経済の新しい均衡点E_1^Mは、$BP_M=0$線よりも上の領域に位置することになるため、国際収支は黒字の状態になることが説明されるのである。

このように2つの異なった経済分析によって、財政政策の効果の説明に差異が生ずる原因としては、前章でも説明したように、「タイムスパン」(時間の長さ)の取り方によって生ずるものであると考えられる。すなわち、ケインズ経済学的な立場での議論はマクロ経済への短期的な影響を分析するのに対して、マネタリスト的な立場での議論は、経済成長のような長期的な期間を前提に議論を進めることにあると考えられるのである。

図Ⅲ.3.2M (マネタリスト・ケース) 財政政策の効果

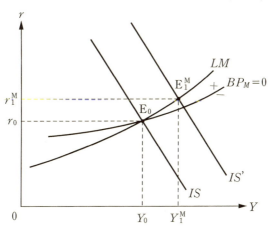

(2) 為替相場の切下げ効果

固定相場制度においては，為替相場の切下げは，一国の都合だけで実施することは不可能である。いま，この経済がかなりの期間にわたって国際収支の赤字問題に直面しており，IMF の指導のもとで一定の国内の経済政策を実施しながら，為替相場の切下げが許された場合を想定する。

為替相場の切下げの効果は，（Ⅲ.3.7）式の為替相場 e に関する国民所得 Y，利子率 r，国際収支 B への影響として，次の（Ⅲ.3.9-Y）式，（Ⅲ.3.9-r）式，（Ⅲ.3.9-B）式のように得られる。

$$\frac{dY}{de} = M\xi \frac{L_r + \delta(I_r - K_r)}{A} > 0 \qquad (Ⅲ.3.9\text{-}Y)$$

$$\frac{dr}{de} = M\xi \frac{-L_Y + \delta(K_Y - s)}{A} < 0 \qquad (Ⅲ.3.9\text{-}r)$$

$$\frac{dB}{de} = M\xi \frac{L_Y(I_r - K_r) + L_r(K_Y + s)}{A} > 0 \qquad (Ⅲ.3.9\text{-}B)$$

為替相場の切下げの効果については，図Ⅲ.3.3K で説明することができる。為替相場の切下げが実施されるための条件はこの経済がかなりの期間において国際収支の赤字に直面していることであるから，マクロ経済の当初の均衡点 E_0 は $BP=0$ 線よりも下の領域にある。

ケインズ経済学的なマクロ・モデルを前提にした図Ⅲ.3.3K において，為替相場の切下げの効果によって，IS 曲線は右にシフトし，$BP=0$ 線は右下にシフトする。このとき，$BP=0$ 線は新しい均衡点を通過するように調整されると想定すると，国内の均衡所得水準は Y_0 から Y_3 へ上昇し，市場利子率は r_0 から r_3 へと上昇する。ここで，国際収支の均衡条件を表わす，$BP=0$ 線は新しい均衡点は E_3 上にあるため国際収支の均衡が達成されていることになるのである。

マネタリスト的なモデルを前提にして図を描く場合は，前の場合と同様に，$BP=0$ 線と LM 曲線の傾きの大小関係については前節同様に区別しなければならないが，均衡点の変化の方向とその性質については同様であるので，ここでは省略する。

図Ⅲ.3.3K　為替相場の切り下げ効果

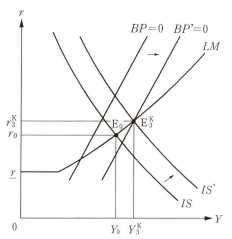

(3) 金融政策の効果

金融政策の効果は，(Ⅲ.3.7) 式の貨幣供給量 H に関する国民所得 Y，利子率 r，国際収支 B への影響として，次の (Ⅲ.3.10-Y) 式，(Ⅲ.3.10-r) 式，(Ⅲ.3.10-B) 式のように得られる。

$$\frac{dY}{dH} = \frac{I_r}{A} > 0 \tag{Ⅲ.3.10-Y}$$

$$\frac{dr}{dH} = \frac{s+m}{A} < 0 \tag{Ⅲ.3.10-r}$$

$$\frac{dB}{dH} = \frac{K_r(s+m) - I_r(m - K_Y)}{A} < 0 \tag{Ⅲ.3.10-B}$$

図Ⅲ.3.4K は，ケインズ経済学的なマクロ・モデルを前提にした図である。金融政策によって，LM 曲線は右にシフトする。このとき，国内の均衡所得水準は Y_0 から Y_4^K へ上昇し，市場利子率は r_0 から r_4^K へと下落する。ここで，国際収支の均衡条件を表わす，$BP=0$ 線は元のままであり，新しい均衡点は E_4^K は，$BP=0$ 線よりも下の領域にあるため，国際収支は赤字の状態にあるこ

とが説明されるのである。

マネタリスト的なモデルを前提にして図を描く場合は，$BP=0$ 線と LM 曲線の傾きの大小関係については前節同様に区別しなければならないが，均衡点の変化の方向とその性質については同様であるので省略する。

図Ⅲ.3.4K　金融政策の効果

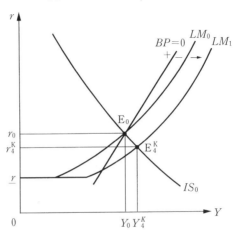

(4) 海外の金利上昇の影響

海外の金利上昇の影響は，(Ⅲ.3.7) 式の海外の金利 r^* に関する国民所得 Y，利子率 r，国際収支 B への影響として，次の (Ⅲ.3.11-Y) 式，(Ⅲ.3.11-r) 式，(Ⅲ.3.11-B) 式のように得られる。

$$\frac{dY}{dr^*} = -K_r \frac{\delta I_r}{A} \gtreqless 0 \quad as \quad \delta \gtreqless 0 \tag{Ⅲ.3.11-Y}$$

$$\frac{dr}{dr^*} = -K_r \frac{\delta(s+m)}{A} \gtreqless 0 \quad as \quad \delta \gtreqless 0 \tag{Ⅲ.3.11-r}$$

$$\frac{dB}{dr^*} = -K_r \frac{L_r(s+m) + I_r L_Y}{A} < 0 \tag{Ⅲ.3.11-B}$$

図Ⅲ.3.5K は，ケインズ経済学的なマクロ・モデルを前提にした図である。

海外の金利上昇の影響で国内の資本が海外に流出する場合，国内の通貨当局は逆の意味での「不胎化政策」によって，国内の通貨供給量が減少しないように努力することが必要となる。「不胎化政策」が成功する場合（$\delta = 0$）については，国民所得と国内の市場利子率への影響は皆無であり，国際収支は資本の流失分だけの悪化が生ずることになる。

しかし，最終的には「不胎化政策」が失敗すると想定されるならば，国内の貨幣需要の増加と貨幣供給量の減少を反映して国内の市場利子率は上昇することになり，利子率上昇の影響が投資関数に反映して国内の有効需要は低下することになるのである。このとき国内の均衡所得は Y_0 から Y_5^K へ減少し，市場利子率は r_0 から r_5^K へと上昇する。ここで，国際収支の均衡条件を表わす，$BP=0$ 線は海外の利子率の上昇を反映して左上にシフトするため，新しい均衡点は E_5^K は，$BP=0$ 線よりも下の領域にあるため，国際収支は赤字の状態にあることが説明されるのである。

マネタリスト的なモデルを前提にして図を描く場合は，$BP=0$ 線と LM 曲線の傾きの大小関係については前節同様に区別しなければならないが，均衡点の変化の方向とその性質については同様であるので省略する。

図Ⅲ.3.5K　海外の金利上昇の影響

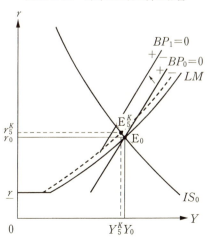

4 変動相場制度の場合

　純粋な変動相場制度においては，国際収支の均衡（$BP=0$）が常に実現するように，為替相場が調整されると想定される。それ故に，海外との貿易取引や資本取引による対外決済の変化によって国内の信用創出が大きく影響を受けることはないと考えられるために，固定相場制度の場合のような「不胎化政策」についての議論は不必要である。

　「変動相場制度」の場合の国内のマクロ経済の均衡と対外バランスとの関係は，次の3本の連立方程式体系によって表わされる。

$$Y = C(Y) + I(r) + G + X(e) - eM(Y, e) \qquad (\text{III}.3.4.\text{F.})$$

$$H = L(Y, r) \qquad (\text{III}.3.5.\text{F.})$$

$$0 = X(e) - eM(Y, e) + K(Y, r - r^*) \qquad (\text{III}.3.3.\text{F.})$$

この3本の連立方程式を全微分して整理すると，次の式のように表わされる。

$$(1 - C_Y + M_Y)dY - I_r dr - (X_e - eM_e - M)de = dG$$

$$L_Y dY + L_r dr = dH$$

$$(eM_Y - K_Y)dY - K_r dr - (X_e - eM_e - M)de = -K_r dr^*$$

ここで，「マーシャル＝ラーナー条件」より，$X_e - eM_e - M = X\eta_X/e + M\eta_M - M = M(\eta_X + \eta_M - 1) = M\xi$ と表わされるから，上の連立方程式体系は次の式のように表わされる。

$$\begin{bmatrix} s+m & -I_r & -\xi M \\ L_Y & L_r & 0 \\ m-K_Y & -K_r & -\xi M \end{bmatrix} \begin{bmatrix} dY \\ dr \\ de \end{bmatrix} = \begin{bmatrix} dG \\ dH \\ -K_r dr^* \end{bmatrix}$$

$$\begin{bmatrix} dY \\ dr \\ de \end{bmatrix} = \frac{1}{\xi MZ} \begin{bmatrix} -L_r \xi M & (K_r - I_r)\xi M & \xi ML_r \\ L_Y \xi M & -(s+K_Y)\xi M & -\xi ML_Y \\ -L_Y K_r - L_r(m-K_Y) & (s+m)K_r - I_r(m-K_Y) & (s+m)L_r + I_r L_Y \end{bmatrix}$$

$$\times \begin{bmatrix} dG \\ dH \\ -K_r dr^* \end{bmatrix} \qquad (\text{III}.3.12)$$

ここで，モデルの諸性質，$0<s<1$, $m>0$, $I_r<0$, $\xi>1$, $L_Y>0$, $L_r<0$, $K_Y>0$, $K_r>0$, から次の式が成立する。

$$Z = \{L_Y K_r + L_r(m-K_Y) - (s+m)L_r - I_r L_Y\}$$
$$= L_Y K_r - L_r K_Y - sL_r - I_r L_Y$$
$$= L_Y(K_r - I_r) - L_r(K_Y + s) > 0$$

《安定条件》

このマクロモデルにおいて経済的に意味がある均衡解が存在することを前提として安定条件について考える。いま，(Ⅲ.3.4.F.) 式と (Ⅲ.3.5.F.) 式から，この経済体系を所得水準 Y と為替相場 e との調整モデルとして，次のような微分方程式体系を考える。ここで，各市場の調整速度は1であると仮定し，貨幣市場は常に均衡していると仮定する。

$$\dot{Y} = [C(Y) + I(r) + G + X(e) - eM(Y, e) - Y]$$
$$H = L(Y, r)$$
$$\dot{e} = -[X(e) - eM(Y, e) + K(Y, r - r^*)]$$

貨幣市場の均衡条件より，一定の貨幣実質残高 H のもとで，次の関係が成立する。

$$L_Y dY + L_r dr = 0, \quad dr = -\{L_Y/L_r\}dY$$

この貨幣市場の均衡条件を考慮して，この微分方程式体系を均衡近傍において線形化することによって，次のような線形の微分方程式体系として表わすことができる。ここで，為替相場は当初1である（$e_0 = 1$）と仮定する。

$$\dot{Y} = \left[-(s+m) - \frac{I_r}{L_r} L_Y\right](Y - Y_E) + \xi M(e - e_E)$$
$$\dot{e} = \left[(m - K_Y) + \frac{K_r}{L_r} L_Y\right](Y - Y_E) - \xi M(e - e_E)$$

この特性方程式は次のように求められることから，均衡解が安定条件を満たすためには，λ の係数と行列式が正であれば保証される。

$$\begin{vmatrix} -(s+m)-\dfrac{I_r}{L_r}L_Y-\lambda & \xi M \\ (m-K_Y)+\dfrac{K_r}{L_r}L_Y & -\xi M-\lambda \end{vmatrix}=0$$

$$\lambda^2+\left[(s+m)+\dfrac{I_r}{L_r}L_Y+\xi M\right]\lambda$$
$$+\left[(s+m)+\dfrac{I_r}{L_r}L_Y-(m-K_Y)-\dfrac{K_r}{L_r}L_Y\right]\xi M=0$$

すなわち,貯蓄性向sと輸入性向m,流動性選好(L_Y, L_r),資本移動について(K_Y, K_r)のこれまでの諸仮定から,この体系から導き出される均衡解は次の条件が満たされる場合には安定条件を満たすことが証明される。

$$\left[(s+m)+\dfrac{I_r}{L_r}L_Y+\xi M\right]>0$$
$$(s+m)-(m-K_Y)+\dfrac{L_Y}{L_r}(I_r-K_r)(s+K_r)+\dfrac{L_Y}{L_r}(I_r-K_r)>0$$

以上のような計算結果と安定条件から,次のように各々の政策の効果について分析を行なうことができる。

(1) 財政政策の効果

財政政策の効果は,(Ⅲ.3.12)式の財政支出 G に関する国民所得 Y,利子率 r,国際収支 B への影響として,次の(Ⅲ.3.13-Y)式,(Ⅲ.3.13-r)式,(Ⅲ.3.13-E)式のように得られる。

$$\dfrac{dY}{dG}=-\dfrac{L_r}{\xi Z}>0 \qquad\qquad\qquad (Ⅲ.3.13\text{-}Y)$$

$$\dfrac{dr}{dG}=\dfrac{L_Y}{\xi Z}>0 \qquad\qquad\qquad (Ⅲ.3.13\text{-}r)$$

$$\dfrac{de}{dG}=-\dfrac{L_YK_r+L_r(m-K_Y)}{\xi MZ}\gtreqless 0 \quad as \quad -\dfrac{L_Y}{L_r}\gtreqless\dfrac{m-K_Y}{K_r} \quad (Ⅲ.3.13\text{-}E)$$

ここで,「マーシャル=ラーナー条件」が満たされている場合($\xi>0$)についてのみ考察を行なう。図Ⅲ.3.6は,ケインジアンのケースとマネタリストのケースを同時に描いたものである。本来,IS 曲線と LM 曲線の傾きについ

ては両者は別の立場をとるものであるが,簡単化のために両曲線は同一の形状として描かれ,国際収支曲線 $BP=0$ 線についてのみその傾きが異なるとして議論を進める。すなわち,ケインジアンの場合はマネタリストの場合よりも傾きが急であると想定して議論を行なうことにする。

図Ⅲ.3.6の $BP_K=0$ 線と $BP_K'=0$ 線は,ケインジアンのケースの国際収支の均衡条件を表わしている。ケインジアンのケースでは,$BP_K=0$ 線の傾きはLM線の傾きよりも急に描かれる。国内の景気刺激政策のための財政政策によってIS曲線は IS_0 から IS_1 へと右にシフトするために,国民所得は増加し,利子率は上昇する。この景気拡大による輸入増加は為替相場の減価要因であるが,海外からの資本流入は為替相場の増価要因である。ケインジアンの場合においては,$BP_K=0$ 線の傾きはLM曲線の傾きよりも急であるために,貿易収支の悪化要因のほうが資本収支の改善要因を上回り為替相場は減価する。この為替相場の減価によって,$BP_K=0$ 線は $BP_K'=0$ 線まで右下にシフトし,国際収支が均衡するように為替相場が決定される。このとき,均衡国民所得は Y_0 から Y_1 へと増大し,利子率は r_0 から r_1 へ上昇する。

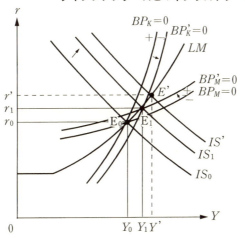

図Ⅲ.3.6 財政政策の効果
ケインジアンケースとマネタリストケース

図Ⅲ.3.6の$BP_M=0$線と$BP_M'=0$線は，マネタリストのケースの国際収支の均衡条件を表わしている。マネタリストのケースでは，LM線の傾きは$BP_M=0$線の傾きよりも急に描かれる。国内の景気刺激政策のための財政政策がIS曲線をIS_0からIS'へと右にシフトさせることから，利子率はr_0からr'へ上昇し，均衡国民所得はY_0からY'へと増大する。マネタリストの場合は，$BP_M=0$線の傾きがLM曲線の傾きよりも緩やかであるために，貿易収支の悪化要因よりも資本収支の改善の要因のほうが大きく為替相場は増価することになる。この為替相場の増価によって輸出は減少し，輸入が増加するためにIS曲線は反転して左側にシフトすることになり，一度増大した国民所得はY_1に減少し，利子率はr_1へ低下するのである。財政政策が行なわれる以前の所得水準と利子率とを比較すると，均衡国民所得はY_0からY_1へと増大し，利子率はr_0からr_1へ上昇している。

(2) 金融政策の効果

金融政策の効果は，(Ⅲ.3.12) 式の貨幣供給量Hに関する国民所得Y，利子率r，国際収支Bへの影響として，次の（Ⅲ.3.14-Y）式，(Ⅲ.3.14-r) 式，(Ⅲ.3.14-E) 式のように得られる。

$$\frac{dY}{dH}=\frac{(K_r-I_r)}{Z}>0 \qquad (Ⅲ.3.14\text{-}Y)$$

$$\frac{dr}{dH}=-\frac{s+K_Y}{Z}<0 \qquad (Ⅲ.3.14\text{-}r)$$

$$\frac{de}{dH}=\frac{(s+m)K_r-I_r(m-K_Y)}{\xi MZ}>0 \qquad (Ⅲ.3.14\text{-}E)$$

図Ⅲ.3.7は，図Ⅲ.3.6と同様に，ケインジアンのケースとマネタリストのケースを同時に描いたものである。

金融政策による国内の景気刺激政策によってLM曲線は右にシフトし，国民所得は増大し市場利子率は低下する。この景気拡大による輸入の増加は為替相場の減価要因であり，市場利子率の低下による海外への資本流出も為替相場の減価要因である。

図Ⅲ.3.7 金融政策の効果
ケインジアンのケースとマネタリストのケース

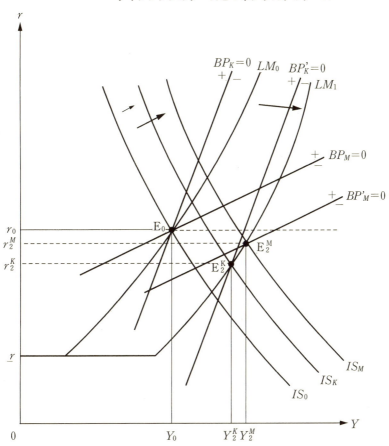

　マネタリストの場合のほうが国内の市場利子率の低下によって発生する海外への資本流出の規模が大きいと想定されるために，為替相場はケインジアンが想定する場合よりは大きく減価することになる。そのため，為替相場の減価による輸出の増加と輸入の減少によって IS 曲線がシフトする影響はマネタリストの場合（IS_M）のほうがケインジアンの場合（IS_K）よりも大きくなるために，均衡国民所得の増加の規模は，マネタリストの場合（Y_2^M）のほうがケインジ

アンの場合（Y_2^K）よりもより大きくなることが説明される。また，利子率の低下については，ケインジアンの場合（r_2^K）のほうが資本の国際的移動への影響が少ないと想定されるため，マネタリストの場合（r_2^M）よりもより大きく低下することになるのである。

(3) 海外の金利上昇の効果

海外の金利上昇の効果は，（Ⅲ.3.12）式の海外の金利 r^* に関する国民所得 Y，利子率 r，国際収支 B への影響として，次の（Ⅲ.3.15-Y）式，（Ⅲ.3.15-r）式，（Ⅲ.3.15-B）式のように得られる。

$$\frac{dY}{dr^*} = -\frac{L_r K_r}{Z} > 0 \tag{Ⅲ.3.15-Y}$$

$$\frac{dr}{dr^*} = \frac{K_r L_Y}{Z} > 0 \tag{Ⅲ.3.15-r}$$

$$\frac{de}{dr^*} = -K_r \frac{(s+m)L_r + I_r L_Y}{\xi MZ} > 0 \tag{Ⅲ.3.15-B}$$

海外の金利上昇の効果は，図Ⅲ.3.8において描かれるように，国際収支線 $BP=0$ 線を左上に押し上げるために為替相場は減価する。これは，国際収支の均衡条件式（Ⅲ.3.3）式の性質から次のような関係から説明することができる。

$$\partial Y / \partial r^* |_{BP=0} = -K_r/(eM_Y - K_Y) < 0 \tag{Ⅲ.3.16}$$

為替相場の減価は輸出を増加させ，輸入を減少させるために，IS曲線は右上にシフトする。また，海外と比較して相対的に低くなった利子率を嫌って資本の一部が海外に流出するために，為替相場はさらに減価することになる。この為替相場の減価を反映して，IS曲線はさらに右側へシフトし均衡点を右上に移動するために，国民所得は増加し，利子率は上昇するのである。この為替相場の減価を反映して，$BP=0$ 線は反転して右下側にシフトする。

ケインジアンのケースにおいては，海外の金利の上昇による $BP_K=0$ 線の左上へのシフトの効果よりも為替相場の減価による右下へのシフトの効果のほう

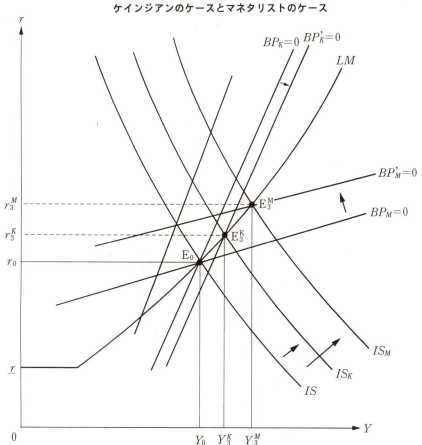

図Ⅲ.3.8　海外の金利上昇の効果
ケインジアンのケースとマネタリストのケース

が大きいため，国際収支均衡条件線は最終的には $BP_K'=0$ 線のように右下にシフトすることになる。

しかし，マネタリストのケースにおいては，海外の金利の上昇による $BP_K=0$ 線の左上へのシフトの効果のほうが為替相場の減価による右下へのシフトの効果よりも大きいため，$BP_M=0$ 線は最終的には $BP_M'=0$ 線のように左上にシフトすることになるのである。

また，マネタリストの場合のほうが海外の利子率の上昇によって発生する海外への資本流出の規模が大きいと想定するために，為替相場はケインジアンが想定する場合よりは大きく減価することになる。そのため，為替相場の減価による輸出の増加と輸入の減少による IS 曲線がシフトする影響はマネタリストの場合（IS_M）のほうがケインジアンの場合（IS_K）よりも大きくなるために，均衡国民所得の増加の幅は，マネタリストの場合（Y_3^M）のほうがケインジアンの場合（Y_3^K）よりもさらに大きくなることが説明される。また，利子率の低下については，ケインジアンの場合（r_3^K）のほうが資本の国際的移動への影響が少ないため，マネタリストの場合（r_3^M）よりもより少なく上昇することになるのである。

《国際間の利子率格差によって資本が移動しない場合；$K_r=0$ のケース》

　また，国際間の利子率格差によって資本は移動しない（$K_r=0$）とすると，国民所得，市場利子率，為替相場に与える影響は皆無であることが，式（Ⅲ.3.16）に $K_r=0$ を代入することから説明される。

5　マンデル＝フレミング・モデルと財政・金融政策の有効性

　これまで説明してきた「開放体系下の IS-LM モデル」についての極端なケースとして，「マンデル＝フレミング・モデル」による固定相場制度と変動相場制度における財政政策・金融政策の有効性について説明する。

　前節までの議論は，国際間の資本移動は内外の景気の変動や利子率格差によって生ずることを前提にしながらも，国際間の金利格差は存続し，通貨当局による金融政策は独立的に主体性をもって行なうことができると想定してきた。

　しかし，「マンデル＝フレミング・モデル」においては，国際間の資本移動は国際間の利子率格差（$r-r^*$）に対して「完全に弾力的」であると仮定される。そのため，固定相場制度においても「不胎化政策」は困難であり，外貨準備と国内通貨供給量も内生変数となると考えるのである。それ故に，国際収支

の均衡条件を表わす BP 曲線は水平に描かれると想定されるのである。
　ここで，国際間の資本移動は利子率格差に大きく依存するため，国内の利子率 r が世界利子率 r^* よりも高いとき（$r>r^*$）には，資本は海外から国内に国際間の利子率格差がゼロになるまで流入すると想定される。また，国内の利子率が世界利子率よりも低いとき（$r<r^*$）には，資本は国内から海外へ国際間の利子率格差がゼロになるまで流出すると想定されるのである。

5.1　固定相場制度の場合
《財政政策の有効性》
　当初，国内利子率と世界利子率が等しい経済状態であると仮定する。
　図Ⅲ.3.9 において，拡張的な財政政策は IS 曲線を右上方にシフトさせるため，国内の市場利子率は上昇する。海外の市場利子率よりも高くなることから海外から資本が流入し資本収支は黒字となる。固定相場制度の場合においては，不胎化政策が有効に採用される限り，この資本収支の黒字の状態が E_1 点において続くことになる。
　しかし，不胎化政策の続行はやがて困難となり，資本収支の黒字を反映して

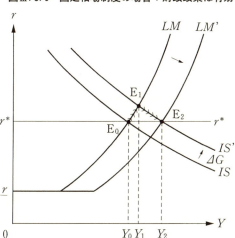

図Ⅲ.3.9　固定相場制度の場合：財政政策は有効

国内の貨幣供給量は増大し，LM曲線は右方にシフトするのである。

このような資本収支の黒字と国内貨幣供給量の増加は国際間の利子率格差がなくなるまで続くために，IS曲線のシフトに対応して，LM曲線も右にシフトする結果，点E_2のように国民所得は増大する。それ故に，固定相場制度においては「財政政策は有効である」という結論を得るのである。

《金融政策の無効性》

次に，市場刺激的な金融政策の場合には，国内貨幣供給量が増加する結果，図Ⅲ.3.10のようにLM曲線を右方にシフトさせ新しい均衡点はE_1になる。このために国内市場利子率は下落し，海外に資本が流出する結果，資本収支は赤字となる。資本収支の赤字を反映して国内の貨幣供給量はやがて減少し，LM曲線は貨幣供給量を増加させる政策とは逆に左方にシフトすることになるのである。このような貨幣供給量の減少と資本収支の赤字は，国際間の利子率格差がなくなるまで続くと想定される。すなわち，経済は元の均衡点E_0に戻るのである。

図Ⅲ.3.10 固定相場制度の場合：金融政策は無効

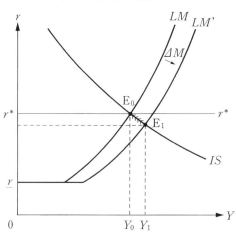

以上のような LM 曲線のシフトの結果として，固定相場制度においては「金融政策は無効」であるという結論が得られるのである．

5.2 変動相場制度の場合

《財政政策の無効性》

拡張的な財政政策は，図Ⅲ.3.11 のように IS 曲線を右上方にシフトさせる．このため，経済の均衡点は点 E_0 から点 E_1 へと移動する．すなわち，国内の市場利子率は上昇し，海外の市場利子率よりも高くなることによって資本収支は黒字となる．

変動相場制度の場合においては，資本収支の黒字を反映して為替相場は増価し，輸入が増大し，輸出が減少することによって貿易収支は赤字となる．貿易収支の赤字額と資本収支の黒字額とが同じ大きさになるまで為替相場は増価することになるのである．

このような貿易収支の赤字化を反映して，IS曲線は拡張的な財政政策にもか

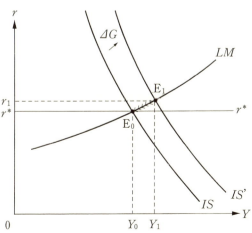

図Ⅲ.3.11 変動相場制度の場合：財政政策は無効

かわらず左方にシフトし，やがて経済はもとの均衡点 E_0 の位置に戻ることになるのである。このような IS 曲線のシフトは利子率格差がなくなるまで続き，変動相場制度においては「財政政策は無効である」という結論を得るのである。

《金融政策の有効性》

　市場刺激的な金融政策の場合においては，図Ⅲ.3.12のように国内貨幣供給量が増大し，LM 曲線は右方にシフトする。新しい均衡点は点 E_1 となり，国内市場利子率は下落し，資本収支は赤字となる。このため，為替相場は減価し，輸出は増加し，輸入は減少するために，貿易収支は黒字となる。貿易収支の黒字額は資本収支の赤字額と同じ大きさになるまで為替相場は減価するのである。

　このような貿易収支の黒字化によって，IS 曲線は右方にシフトする。このような両曲線のシフトは利子率格差がなくなる点 E_2 まで続き，変動相場制度において「金融政策は有効である」という結論を得るのである。

図Ⅲ.3.12　変動相場制度の場合：金融政策は有効

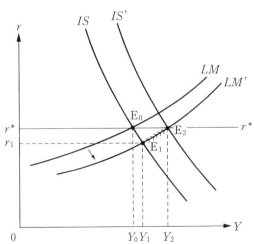

《マンデル＝フレミング・モデルの要約》

以上の説明から，マンデル＝フレミング・モデルにおいて，固定相場制度・変動相場制度のそれぞれの場合における財政・金融政策の有効性について，下の表のようにまとめることができる。

すなわち，固定相場制度においては財政政策が有効であり，変動相場制度においては金融政策が有効である。

《財政金融政策の有効性》

政策＼制度	固定相場制度	変動相場制度
財政政策	有効	無効
金融政策	無効	有効

おわりに

　アメリカのドルは，何故，基軸通貨に留まれるのか。これが，研究者の長年の問題である。長年の貿易収支の赤字に悩み，長期的な米ドルの減価傾向に歯止めがかからない米ドルが何故基軸通貨に留まれるのかという問題である。

　固定相場制度において，アメリカは世界が保有する金の多くを保有していた(注1)。自国の対外収支バランスの赤字を埋める能力が十分にあることが基軸通貨であるための前提であった。

　1971年8月15日のニクソンによる金・ドル交換停止は，1米ドルを金35オンスと兌換するという足枷から米ドルを自由にした。世界はドル安となり，ドルの信任を落とすと論じられた。これは，第2のニクソン・ショックと呼ばれた。第1のニクソン・ショックは，ニクソン訪中宣言である。1971年7月15日に発表されたニクソン大統領の中華人民共和国訪問の予告宣言から，翌1972年2月の北京訪問までの一連の外交をいう。

　金価格からの自由な変動によって米ドルの為替相場が低下すると，保有する金の評価額が増加することを意味していた(注2)。自国通貨と比較して為替相場が下落すると期待される米ドル建て債務は，自国の将来の負債への返済を減少させるという期待のもとで各国はドルによる借入額を増加させたために世界各国のドル保有は増加した。このように貿易収支黒字国は米ドルの保有を増加させ，その資金を運用してアメリカの対外投資は増加した。短期借，長期貸の状態となってアメリカ・ドルは国際金融における基軸通貨の地位を守り続けたのである。

　このようにして米ドルは大幅な切下げに成功した。しかし，アメリカの貿易赤字は拡大して，固定相場制度への信頼性が低下したために，1973年には，主要国のほぼすべてが変動相場制へと移行した。その後，1976年1月に，ジャマイカのキングストンで開催されたIMF（国際通貨基金）暫定委員会において，変動相場制度への移行が正式に承認された（キングストン協定）。

戦後，アメリカは海外諸国に巨額の投資をしてきた結果として，巨額の海外資産を保有している。それはそれぞれの国の通貨建てによる金融資産だけではなく，不動産なども含む巨額な資産額である。それ故に，ドル安になるとアメリカの対外資産評価額は増加するのである。必要ならば，アメリカの貿易収支の赤字額を埋めるために，対外資産の一部を処分すればよいほどの巨額の資産を保有する国なのである。米ドルの為替相場が上昇したときには，対外資産を買い増せば元の対外資産バランスを確保，あるいは，それ以上の資産バランスを実現することができるのである。

　このように巨額の海外資産を保有し，大量の金を保有するアメリカのドルは，変動相場制度の下での信認を回復し，ドルを基軸通貨とする国際金融システムはさらに進化することになったのである。

　今後の国際経済学の分野は，このような戦後のアメリカ経済とドルを中心とした国際経済の変遷の中で，変化してきた国際貿易の在り方と国際金融システムの変化に対応する国際貿易理論と国際金融理論を構築していかなければならないのである。

　経済のグローバル化とともに資本移動の国際化や国際間の労働移動が加速し，自由貿易の拡大に向けてボーダーレス化が推進されている。しかしながらウルグアイ・ラウンド締結後に，より「自由・無差別・多角的」な貿易を行なうためにGATTから格上げされたWTOは自由貿易に対する加盟国間の考え方の違いや農業問題，環境問題などによって事実上，機能不全となっている状態である。

　このような状況の下で自由貿易を推進するために，EPA（経済連携協定）やFTA（自由貿易協定）のような2国間あるいは数ヶ国での自由貿易に関する協定が次々に結ばれるようになったのである。

　2015年の10月に大筋合意に達したTPP（環太平洋パートナーシップ）は，アジア太平洋経済協力会議（APEC）加盟国を中心に，全ての物品の関税を原則撤廃する経済連携協定（EPA）である。もともと2006年にシンガポール，ニュージーランド，チリ，ブルネイ4カ国によって発行された協定であったが，

アメリカのオバマ大統領が参加を表明し,環太平洋地域における大規模な経済連携を目指すこととなった。日本でも菅首相（当時）が横浜のAPECにおいて参加の意向を表明し,その後,国内において賛否両論の議論を巻き起こしたが,結果的に日本を含め12ヶ国（シンガポール,ニュージーランド,チリ,ブルネイ,オーストラリア,カナダ,マレーシア,メキシコ,ペルー,ベトナム,米国,日本）が参加し,大筋合意に達したのである。

しかしながら,TPP締結によって加盟各国の国内経済では様々な影響が生じると予想される。特にTPP参加に反対した第一次産業（農業）では深刻なダメージを受けることになると懸念している。一方,第二次産業（工業）・第三次産業（サービス）においては恩恵を受けるとの見方が大半である。しかし,食品の安全性やISDS条項,ラチェット（歯止め）規定[注3]など今後,長期的な視点から深刻な問題や障害となる可能性がある案件も山積しているのである。

本書では,第Ⅰ部第5章においてTPPの説明とTPP締結によって各部門,特に農業部門がどのような影響を受ける可能性があるのかという点について貿易理論の基礎モデルを踏まえて考察を行なった。

TPPの大筋合意が成立した今,すべきことは農業部門内での兼業農家と専業農家の問題など抜本的な見直しを行なうことであり,関税撤廃の動きの進む世界経済の流れに合わせて産業構造の強化を図るべきであると思われる。

本書の刊行に当たっては,久留米大学経済学部の大矢野栄次教授から大変有意義なアドバイスとご指導をいただきました。また,同文舘出版専門書編集部の青柳裕之氏には丁寧な校正や索引作りなど大変ご迷惑をおかけいたしました。お二人には心より感謝申し上げます。

[注]
(1) 世界に存在する金17万1,300トン（1012年現在）のうちの約17%を各国中央銀行が保有する金は約3万トンである。中央銀行が持っている金は外貨準備の中にカウントされる。アメリカは8,133.5トンと2位のドイツの3,396.3の2倍以上である。因みに、日本の金保有量は765.2トンである。
(2) これは米ドルの信認を増やす結果となったのかもしれない。
(3)「ラチェット（歯止め）規定」：締約国が、後で何らかの事情により、市場開放をし過ぎたと思っても、規定を強化することが許されない規定。（現状の自由化よりも後退を許さない）

参考文献

第Ⅰ部の国際貿易の分野について,次のような,より専門的な文献がある。
1. 根岸隆著,『貿易利益と国際収支』(数量経済学選書4),創文社,1971年。
2. 小宮隆太郎・天野明弘著,『国際経済学』(現代経済学8),岩波書店,1975年。

第Ⅱ部の国際金融の分野について,次のような,より専門的な文献がある。
3. 舘龍一郎・浜田宏一著,『金融』(現代経済学6),岩波書店,1972年。
4. 小宮隆太郎・須田美矢子著,『現代国際金融論』(歴史編・政策編), 日本経済新聞社,1983年。
5. 榊原英資著,『ユーロダラーと国際通貨改革』日本経済新聞社,1975年。
6. Einzig P., *Foreign Exchange Crises An Essay in Economic Pathology*, 1968. (吉田啓一訳,『外国為替の危機』ダイヤモンド社,1969年)。
7. Kindleberger, C. P., *International Capital Movements*, Cambridge University Press, 1987. (長谷川聰哲訳,『国際資本移動論』多賀出版,1991年)。
8. Niehans, J., *International Monetary Economics*, The Johns Hopkins University Press, 1984. (天野明弘・井川一宏・出井文男訳『国際金融のマクロ経済学』東京大学出版会,1986年)。

第Ⅲ部の国際オープン・マクロ経済学の分野について,次のような,より専門的な文献がある。
9. Mundel, R. A., *International Economics*, The Macmillan Company, 1968. (渡辺太郎他訳『国際経済学』ダイヤモンド社,1971年)。
10. Dornbusch, R., *Open Economy Macroeconomics*, Basic Books, Inc., 1980. (大山道広訳『国際マクロ経済学』文眞堂,1984年)。

索引

英数字

AIG …………………………………168
APEC ……………………………ⅰ, 59, 234
B/L；Bill of Lading ……………………85
Bid ……………………………………87
BIS ……………………………………161
CDO ……………………………………167
CIF ……………………………………30
D/A ……………………………………85
D/P ……………………………………85
Documents Against Acceptance ………85
Documents Against Payment …………85
EEC ……………………………………137
EPA …………………………59, 152, 234
FTA …………………………59, 152, 234
GAB ……………………………………131
GATT ………………………124, 133, 150, 234
GATT11条国 ……………………………134
GATT12条国 ……………………………134
GATT一般関税交渉 ……………………135
GS ……………………………………168
GS（ゴールドマン・サックス）…………168
IBRD …………………………………124
IMF …………………………124, 155, 162, 168
IMF14条国 ……………………………134
IMF 8条国 ……………………………134
IMF協定 ………………………………125
IMF国際収支マニュアル ………………92
IMFポジション …………………………82
IMFリザーブ・ポジション …………126
ISDS条項 ……………………………ⅱ, 235
IS-LMモデル …………………………182
ITO …………………………124, 133, 150

ITO（国際貿易機構）……………………133
J.S.ミル ………………………………108
Jカーブ効果 …………………………108
one way option ………………………163
RMBあるいはSMBS ……………………167
SDR …………………………82, 126, 132, 166
SDR譲受国 ……………………………133
TPP …………………………ⅰ, 59, 152, 234
TTB ……………………………………87
TTS ……………………………………87
UBS ……………………………………168
UNCTAD ………………………………135
WTO …………………………136, 150, 234

14条国 …………………………………130
24時間金本位制 ………………………121
45度線 …………………………………178
8条国 …………………………………130

あ

赤字財政政策 …………………………199
アジア太平洋経済協力会議 ……………59
アジア通貨危機 …………………155, 157
アジャスタブル・ペグ ………138, 146
アダム・スミス（A.Smith）…4, 5, 18, 108
アブソープション ……………………194
アルゼンチン通貨危機 …………155, 160

一物一価 ………………………………17
一方的選択権（one way option）…138, 163
イングランド銀行 ………………103, 116

売値 ……………………………………87
ウルグアイ・ラウンド …………135, 151, 234

エマージング市場諸国 …………………169
エロア ……………………………………136
縁故資本主義 ……………………………162

オイラーの定理……………………………55
オーバーストン …………………………117
オープン・マクロ・モデル……193, 205, 208

か

外貨準備 ……………………………82, 165
外貨準備増減………………………………94
外貨建て……………………………………86
外国為替……………………………………83
外国為替資金特別会計……………………82
外国為替手形………………………………85
介入…………………………………………97
介入通貨……………………………………83
買値…………………………………………87
解の安定条件 ……………………………186
解の存在条件 ……………………………185
可処分所得 …………………………179, 194
貨幣市場 …………………………………184
貨幣数量説 ………………………………114
ガリオア…………………………………136
カレンシー・ボード制……………………
カレンシーボード制………………156, 160, 169
為替差損 …………………………………149
為替相場……………………………………86
為替リスク…………………………………90
緩衝在庫融資 ……………………………138
関税自主権の欠如…………………………ii
関税撤廃……………………………………59
関税撤廃率…………………………………59
環太平洋パートナーシップ………………59
管理為替相場制度 ………………………208
管理フロート ……………………………157
管理フロート制度………………97, 99, 148
基軸通貨 ……………………………83, 139

基礎消費 …………………………………176
逆為替………………………………………84
ギリシャ危機 ………………………155, 169
金……………………………………………82
金・ドル交換停止 …………………143, 145
金貨本位性 ………………………………104
金貨本位制度 ……………………………105
金為替 ……………………………………103
金為替本位制 ……………………………127
金為替本位制度 ……………………104, 106
金銀複本位制度 …………………………104
金現送点 ……………………………109, 128
金現送費 …………………………………110
均衡予算乗数 ……………………………180
金準備 ………………………………107, 108
金兌換 ………………………………107, 108
金地金本位制 ……………………………104
金地金本位制度 …………………………106
金ブロック ………………………………121
金平価 ……………………………………107
金本位制停止 ……………………………120
金本位制度 ………………………………103
金本位法 …………………………………104
金融収支……………………………………96
金融政策 …………………………………190
金融派生商品 ……………………………149
金輸出点 ………………………109, 110, 113
金輸入点 ………………………109, 110, 113

クォータ …………………………………126

『経済学及び課税の原理』………………5, 6
経済協力開発機構 ………………………129
経済産業省 ……………………………61, 75
経済連携協定………………………………59
経常移転収支………………………………93
経常収支……………………………………93
ケインジアン ……………………………222

ケインジアン・アプローチ ……………195	
ケインジアン・ケース ………………212	
ケインズ ………………… i, 175, 184, 193	サービス貿易 ……………………………151
ケインズ・トラップ …………184, 191, 208	最恵国待遇 ………………………………134
ケインズ乗数 …………………………179	最後の貸し手 ……………………161, 165
ケネディ・ラウンド …………………135	財政赤字 …………………………………198
現IMF体制 ……………………………146	財政乗数 …………………………………178
限界消費性向 …………………175, 177	財政政策 ……………………………178, 188
限界貯蓄性向 …………………177, 178, 199	裁定取引 ……………………………………18
限界輸入性向 …………………………181, 199	財務省外国為替特別会計 ………………97
兼業農家 ……………………………62, 67	債務担保証券（CDO）…………………167
減税政策 …………………………………190	先物為替相場 ……………………………90
	先物取引 ………………………88, 90, 149
交易条件 …………………………15, 46	サブプライム・ローン問題
交換比率 ……………………………………82	……………………155, 166, 167, 168
公定歩合 …………………………………116	三国通貨協定 ……………………121, 123
公定歩合政策 ……………………………117	
購買力平価説 ………………………………98	地金主義者 ………………………………117
ゴールド・トランシュ …………………131	直物為替相場 ……………………………90
国際金融 ……………………………………81	直物取引 ……………………………………90
国際決済銀行（BIS）……………………160	自給自足 ……………………………………45
国際資本移動 ……………………………164	市場介入 ……………………………………97
国際収支 ……………………91, 205, 207	実行為替レート …………………………162
国際収支論 …………………………………81	支払渡し ……………………………………85
国際通貨 ……………………………………81	資本移転等収支 …………………………96
国際通貨基金（IMF）……………………124	資本移動 …………………………………226
国際復興開発銀行（IBRD）……………124	資本移動の利子率弾力性 ……………207
国際貿易機構（ITO）………………124, 150	資本収支 ……………………………94, 206
国富論 …………………………………………5	資本集約度 ………………………………47
国民所得決定 ……………………………175	資本労働比率 ……………………………47
国連貿易開発会議 ……………………135	社会的余剰 ………………………………21
国境措置撤廃 ………………………………74	住宅バブル ………………………………166
固定相場制度 …………97, 125, 208, 209, 227	住宅ローン担保証券（RMBあるいはSMBS）
固定的ドル本位体制 ……………………145	……………………………………………169
古典派の二分法 ……………………………i	重要5品目 …………………………………59
コルレス契約 ………………………………84	準備通貨 …………………………………83
	小国の仮定 ………………………20, 25, 46
	消費関数 …………………………………175

消費者余剰……………………………21
食糧自給率……………………………76
所得収支………………………………93
所得動機 ……………………………184
新興工業経済地域………………156, 169
信用供与………………………………83

スタグフレーション ………………143
スタンレー・フィッシャー……162, 163, 165
ストルパー＝サミュエルソンの定理…54, 62
スプレッド……………………………87
スミソニアン体制 …………………145

政策トリレンマ ……………………165
生産可能性曲線………………………50
生産者余剰……………………………21
生産物市場……………………175, 182
政府短期証券売却……………………98
世界恐慌 ……………………………169
世界貿易機関（WTO）………136, 150
石油危機 ……………………………138
絶対優位の理論 ………4, 17, 18, 39
専業農家………………………62, 67
全算入生産費…………………………68

増税政策 ……………………………201
租税収入 ……………………………179
租税乗数 ……………………………179
租税政策 ……………………………189
その他資本収支………………………94

た

第一次産業……………………67, 72
第一次所得収支………………………96
大恐慌 ………………………………120
第三次産業……………………67, 72
第二次産業……………………67, 72
第二次所得収支………………………96

正貨移動の理論 ……………………113
短期融資制度 ………………………131

治外法権………………………………ii
知的所有権 …………………………151
超乗数 ………………………………181
調整可能な釘付け制度………………127
貯蓄関数 ……………………………177

ツー・ウェイ・クォート……………87
通貨オプション ……………………149
通貨危機 ……………………………155
通貨主義者 …………………………117
通貨の交換性 ………………………129

定額税 ………………………………180
低金利政策 …………………………202
定率税 ………………………………180
デフォルト（債務不履行）…………159
デフレ経済 ……………………202, 203
投機的動機 …………………………184
東京・ラウンド ……………………135
投資収支………………………………94
特性方程式……………………210, 219
独立投資 ……………………………181
土地集約度……………………………69
特化 ……………………………………15
取引的動機 …………………………184
トリフィン・ディレンマ …………137
トレンズ ……………………………117

な

内外価格差……………………………19
内閣府…………………………………61
内国民待遇 …………………………134
並為替…………………………………84

荷為替手形 ……………………………85
ニクソン・ショック ………144, 145, 233
日米修好通商条約 ………………………ii
日本銀行 ……………………………82
ニューディール政策 …………………120
ニュートン ……………………………105
ニューメレール（価値尺度財）………44

農林水産省 …………………………61, 74

は

バーゼル協定 …………………………141

ピール条約 ………………………105, 118
比較生産費説 ……………………4, 13, 14
比較優位 …………………………………15
比較優位の理論 …………………4, 5, 39
比較劣位 …………………………………15
東アジアの奇跡 ………………………155
引受渡し ………………………………85
ヒックス＝ハンセン …………………182
ヒックス＝ハンセン流 ………………185
必要労働量 ……………………………15
非貿易財 ………………………………35
ヒューム.D ……………………………108

ファンダメンタルズ（経済の基礎的条件）
　……………………………………160
フィッシャー型 ………………………114
双子の赤字 …………………………197, 198
船荷証券 ………………………………84
ブラジルの通貨危機 …………………155
不良債権 ………………………………159
フリードマン.M ………………………99
ブレトン・ウッズ会議 ………………123
ブレトン・ウッズ体制 ………………123
ブレトンウッズ体制 …………………198
不胎化政策 ………208, 209, 210, 217, 229

平価 ……………………………………110
平価変更 ………………………………128
平均消費性向 …………………………177
平均貯蓄性向 …………………………177
ヘクシャー＝オリーンの定理 …………43
ヘッジファンド ………………………164
変動相場制度 ………97, 147, 147, 218, 231
貿易・サービス収支 ……………………93
貿易財 …………………………………33
貿易収支 ………………………195, 198, 205
貿易乗数 ………………………………181
貿易利益 ……………………8, 15, 21, 27
邦貨建て ………………………………86
邦貨建て為替相場 ……………………193
ホット・マネー（一方的選択権）…147, 148
本源的生産要素 ………………………43

ま

マーシャル＝ラーナー条件
　…………199, 203, 205, 210, 218, 222
マーシャル・プラン …………………136
マーシャル援助 ………………………124
マギー効果 …………………………100, 101
マクロ経済政策 ………………………188
マネタリスト …………………………222
マネタリスト・ケース ………………213
マハティール …………………………164, 171
マラケッシュ協定 ……………………151
マンデル＝フレミング・モデル
　……………………165, 207, 226, 231

メキシコ通貨危機（テキーラ危機）
　……………………………………155, 156
メリルリンチ …………………………168

モラルハザード ………………………162, 171

や

有効需要 …………………………………175
有効需要の理論 …………………………175, 193
誘発投資 …………………………………181, 199
ユーロ……………………………155, 164, 169
ユーロ市場 ………………………………140
ユーロダラー ……………………………137
輸出財……………………………………20
輸出の価格弾力性 ………………………198
輸出変動補償融資 ………………………137
輸出補助金………………………………24
輸送費用…………………………………33
輸入の価格弾力性 ………………………198

要素価格比率……………………………47
予備的動機 ………………………………184

ら

ラチェット（歯止め）規定 …………235, 236

リカード.D ………………………………5
リーズ・アンド・ラグズ …………88, 149
リーマン・ショック ………………155, 167
リーマン・ショック（世界同時不況）……166
リーマン・ブラザーズ …………………166
リカード.D ………………………………6
利子率格差………………………………206, 226
リプチンスキーの定理 …………………48, 70
流動性選好仮説 …………………………184

連合国通貨金融会議 ……………………123

労働価値説………………………………13
ロールセン＝メッツラー効果 ………195, 204
ロシア通貨危機 …………………………155, 159

わ

ワルラス法則……………………………45

〈著者略歴〉

矢野　生子（やの　いくこ）
1966年　宮崎県生まれ
1989年　佐賀大学経済学部卒業
1992年　中央大学大学院経済学研究科修士課程修了
1995年　中央大学大学院経済学研究科博士課程満期退学
現　在　長崎県立大学経営学部教授

〈主要著書〉
『国際経済学入門』（編著，同文舘出版，2014年）
『オープン・マクロ経済学』（共著，同文舘出版，1998年）

平成28年6月10日　初版発行　　　　　　　　略称―矢野経済

国際経済の理論と経験

著　者　　矢　野　生　子
発行者　　中　島　治　久

発行所　同 文 舘 出 版 株 式 会 社
　　　　東京都千代田区神田神保町1-41　〒101-0051
　　　　電話　営業　(03)3294-1801　編集　(03)3294-1803
　　　　振替　00100-8-42935　http://www.dobunkan.co.jp

© I. YANO　　　　　　　　　　　　　印刷：新製版
Printed in Japan 2016　　　　　　　　製本：新製版
　　　　ISBN978-4-495-44231-6

JCOPY　〈出版者著作権管理機構　委託出版物〉
本書の無断複製は著作権法上での例外を除き禁じられています。複製される場合は，そのつど事前に，出版者著作権管理機構（電話 03-3513-6969，FAX 03-3513-6979, e-mail: info@jcopy.or.jp）の許諾を得てください。